六爻占辭別解說

白岩易理院

목   차

부록

[六十四卦와 七百六十八爻]

□64卦 卦象早見表

상하괘	☰ 일건천 一乾天	☱ 이태택 二兌澤	☲ 삼이화 三離火	☳ 사진뢰 四震雷	☴ 오손풍 五巽風	☵ 육감수 六坎水	☶ 칠간산 七艮山	☷ 팔곤지 八坤地
☰ 일건천 一乾天	건위천 乾爲天	택천쾌 澤天夬	화천대유 火天大有	뇌천대장 雷天大壯	풍천소축 風天小畜	수천수 水天需	산천대축 山天大畜	지천태 地天泰
☱ 이태택 二兌澤	천택리 天澤履	태위택 兌爲澤	화택규 火澤睽	뇌택귀매 雷澤歸妹	풍택중부 風澤中孚	수택절 水澤節	산택손 山澤損	지택림 地澤臨
☲ 삼이화 三離火	천화동인 天火同人	택화혁 澤火革	이위화 離爲火	뇌화풍 雷火豐	풍화가인 風火家人	수화기제 水火旣濟	산화비 山火賁	지화명이 地火明夷
☳ 사진뢰 四震雷	천뢰무망 天雷无妄	택뢰수 澤雷隨	화뢰서합 火雷噬嗑	진위뢰 震爲雷	풍뢰익 風雷益	수뢰둔 水雷屯	산뢰이 山雷頤	지뢰복 地雷復
☴ 오손풍 五巽風	천풍구 天風姤	택풍대과 澤風大過	화풍정 火風鼎	뇌풍항 雷風恒	손위풍 巽爲風	수풍정 水風井	산풍고 山風蠱	지풍승 地風升
☵ 육감수 六坎水	천수송 天水訟	택수곤 澤水困	화수미제 火水未濟	뇌수해 雷水解	풍수환 風水渙	감위수 坎爲水	산수몽 山水蒙	지수사 地水師
☶ 칠간산 七艮山	천산돈 天山遯	택산함 澤山咸	화산여 火山旅	뇌산소과 雷山小過	풍산점 風山漸	수산건 水山蹇	간위산 艮爲山	지산겸 地山謙
☷ 팔곤지 八坤地	천지비 天地否	택지췌 澤地萃	화지진 火地晉	뇌지예 雷地豫	풍지관 風地觀	수지비 水地比	산지박 山地剝	곤위지 坤爲地

□用神찾을 때 참고사항

목 적		용 신	참고효	목 적		용 신	참고효
자신의 신수점		世	財, 官, 兄	혼인	남 자	財	世:내집 應:여자집
부모	자신과 관계	父	世		여 자	官	世:내집, 應:남자집
	건강, 질병	父	財	소식	가 족　世	해당 육친	父, 주작
자녀	자신과 관계	孫	世		타 인　世	應	父, 주작
	건강,질병 등	孫	世	이사점		2효, 내괘	
	입학, 취직	孫	父	도둑(범인)		官, 현무	世
형제자매	자신과 관계	兄	世	출행점		世	역마
	건강, 질병	兄	官	실물	돈, 보석, 유가증권	財	世
	사업, 재물	兄	財		문서, 책	父	世
아내	자신과 관계	財	世(應)		자동차	역마	世
	건강, 질병	財	兄		금 고	丑	世, 財
남편	자신과 관계	官	世(應)	임신여부		2효, 胎효	
	건강, 질병	官	孫	자식	아 들	孫	양효
부탁	타 인	應	世		딸	孫	음효
	가 족	육친	世	받을돈, 빌리는돈		世, 應	財
재수(사업, 재물)		財	世	금전융자		官, 世	財
직장 (취직,승진)		官	世	가택	가 정	2효	내괘
시험	입학	父	世		가 족	5효	내괘
	고시, 취직	父, 官	世	매매	건물 (점포, 빌딩)	父	世, 應
소 송		世	應, 官		주 택	2효, 내괘	世, 應
대 인		육친	應		부동산	구진	辰戌丑未

䷀ 건위천 (乾爲天)	**하늘의 운행이 만물을 포용하고 있는 괘** 하늘위에 하늘이 겹쳐있는 상으로 그 기세가 용에 비유. 변화를 예고하는 상으로 부단히 노력하면 좋은 운세를 유지할 수 있으나 경거망동하면 추락한다.
䷀	이괘는 漢高祖가 呂后와 같이 芒湯山에서 고난을 당하고 있을 때 신수를 점쳐 얻은 괘이다. 이괘를 득하면 정상에서 내리막길에 접어 들었다고 볼 수 있다.
乾金宮 四月卦	건(乾)은 하늘, 굳셀, 사나이 건이다. 건강하고 굳센 기상을 나타내며 억센 힘을 가지고 있다. 사람은 건강, 사업은 한창 성업기, 달은 보름달에 비유할 수 있다.
父未　父戌∣世	급하게 하면 실패한다. 구설수가 있으니 말조심하라. 문서계약에 말썽, 부동산 문제, 구설, 송사, 건강조심, 조상발동, 상복수, 식구의 증감
父未　兄申∣ 　　　　身	항상 정도(正道)로서 행하면 흉이 없다. 문서계약, 아내근심, 돈걱정, 집안에 우환이나 불안하다, 손재수, 이사, 윗사람과의 관계이다. 도로효이니 원행. 목축.
父未　官午∣	하던일 그대로 하라 변화를 하더라도 소득이 없다. 부동산 계약관계, 취직, 관재소송, 도난, 소식, 형제근심, 부모근심, 상심, 부동산 계약은 땅산후 끙끙 앓는다.
父丑　父辰∣應	경거망동하면 손해를 본다. 문서계약, 부동산문제 말썽, 시비불화, 내부변화로 말썽, 마음심란, 주작이나 백호는 구설시비. 관재조심
父丑　財寅∣ 　　　　命	변화할려고 하나 돈문제, 처첩문제로 골치 아프다. 여자나 재물 재앙, 이성, 부모근심, 부동산 매매나 이사. 부부풍파. 자손걱정. 퇴신이라 매사걱정.
父丑　孫子∣	주거이동이나 여자로 인한 고충이나 질병으로 고생한다 자녀근심, 여난, 병난, 매매, 이동, 이사, 퇴직, 실패, 합이 아니라 회두극이다. 쌍둥이 출산

운 세	너무 길한 운이라 역전이 우려되고 변동이 올 때이다. 가득 차면 기우는 법이니 지금부터는 쇠퇴의 기운도 내포하고 있으니 자만하지 말고 겸손, 근면성실, 현명하게 일을 처리하여야 길운을 유지할 수 있고, 그렇지 않으면 퇴보와 손실을 초래한다.
특 성	여자는 개방적이며 남자구실. 물질보다 정신적인 면이 길하다. 부동산 매매계약, 주거번뇌, 도난, 병난, 금전애로, 화재, 폭발물사고 주의, 입학, 고시, 승진, 공직자는 길하고 상인은 불길하다. 택효財 집에서 돈벌거나 점포다. 택효가 木 목조건물, 정원수가 있다.

신 상	소 망	가 택	재 수	매 매
수신제가 하면 길함	지체되나 윗분과 의논	불안, 이사불리 부모근심.처부정	과시는 금물 亥卯未寅午戌이 길 하나 亥일이 최길	2일이나 5일에 기회
시 세	취 직	입 학	애 정	출 산
현 최상 향후하락	공직은 길함	일류 가능 방심금물	성혼되나 이별운, 재혼길	생남(첫째) 난산우려
실 물	도 적	여 행	가 출	대 인
찾는데 오래걸린다	못 찾는다	혼자는 불리 서쪽은 실물	서북간 도심쪽	오거나 소식있다
소 송	건 강(질병)			계 절 별
흉하나 승소나 화해가능성	두통, 신경통, 복통, 근막염, 변비, 양가조상, 병점엔 사망, 의약은 서북			春吉. 夏凶. 秋平. 冬吉.

1월	식구가 늘어나고 재수형통한다.	7월	동서에서 길한 일이 있다.
2월	재수가 왕성하고 재물은 동북에서 움직인다.	8월	관록(직장)운이 있고 생남운이다.
3월	귀인이 도우는 운으로 이익이 될 것이다.	9월	길한 일이 있으며 재수도 왕성하다.
4월	북방은 불리하고 매사 신중을 기하 여야 하며 구설을 조심해야 한다.	10월	신변에 동방에서 귀인이 도와준다.
5월	동북간으로 하는 일은 이익이 된다.	11월	유흥이나 도박조심. 건강을 조심하고 너무 욕심내지 마라.
6월	원행은 불리하고 집에서 하는 일은 길하다.	12월	주변사람과 구설이나 시비가 분분할 수 있으니 조심하라.

一 二 천택리 (天澤履)	**하늘아래 연못이 있는 괘** 모든 만물을 주관하는 하늘의 형상이 못에 비치듯 하늘의 이치에 따라 예(禮)를 회복하고 실행해야 한다는 상이다.. 노부(老父)가 소녀(小女)의 유혹에 빠져 일을 그려쳐서 위기에 직면하는 상황이다.
䷉	이 괘는 옛날 子路라는 사람이 여행을 떠날 때 점쳐 얻은 괘인데 여행중에 범의 꼬리를 밟는 위험한 고비가 있었다고 한다. 이 괘를 득하면 매사 성급히 앞서지 말고 윗사람의 뜻을 쫓아 행하면 난국을 타개할 것이다.
艮土宮 三月卦	리(履)는 신, 밟는다는 뜻이다. 즉 호랑이 꼬리를 밟는 것과 같은 대단히 위험한 상황, 함정에 빠져 위험에 처해 대단히 불안한 상태를 말한다. [8흉괘, 春秋황천괘]
兄未 兄戌 ｜ 命	조상발동, 산소탈, 산바람으로 집안에 바람잘 날이 없다. 부모근심. 친척집 왕래. 윗사람의 부조리. 조상탈(이장,합봉) 조상에 공들여라
兄未 孫申 ｜世 (伏子財)	배고픈 잡신이 길에서 돈 달라고 붙는다. 길에서 손재. 자손문제. 여난. 신상변동. 남편근심. 건축. 여행(원행은 금물).
兄未 父午 ｜	문서로 인해 구설시비 손재수가 있다.(문서잡으면 화병난다) 문서. 부동산계약 말썽. 색정문제. 부모근심. 피소 당할 수 있다. 변동은 안좋다.
兄辰 兄丑 ｜｜ 身	매사 불리하여 변동할려고 하나 하지마라, 하면 후회한다. 아랫사람이나 동료, 형제 말썽. 모략, 언쟁, 송사. 상사에게 질책. 근심과 고통. 터신이 발동하니 달래주라.
官寅 官卯 ｜應	직장이 날라가고 남편도 비실이다. 질병과 관재는 물러난다. 문서로 인한 사건. 남편근심. 이성문제 말썽. 도난. 관송. 마음 심란. 직업변동. 이사불길. 변동하지마라
官寅 父巳 ｜	문서운은 길하나 문서로 인해 관재구설이나 건강에 유의. 취직, 직장, 전직. 이동. 이사문제. 손실. 구설. 마음고생. 문서잡는 것은 길하나 관재구설이다. 몸 다침, 변동불길.

운세	겉으론 좋은 듯 하나 신통치 않은 운세이며 윗 사람이나 전문가의 지시에 따라 남의 뒤에서 일을 처리하거나 남이 하던 일을 받아하면 처음은 어려워도 나중엔 길하다.
특성	불안한 상태이며 놀라는 일이 생긴다. 강이나 해변 등 물과 관련된 직업은 길하다. 부자유, 부부불화, 신체구속, 색정과다, 이중생활, 처첩출타.

신 상	소 망	가 택	재 수	매 매
평안	늦게 분수에 맞게 성사	불안	처음은 어려우나 나중에는 길하다	현재는 불성 기다려라

시 세	취 직	입 학	애 정	출 산
오랜뒤에 역전한다	경쟁자가 많아 어렵다	낮추어 지망 하여야 한다	불길, 어렵게 성사되면 별거	생녀 불안

실 물	도 적	여 행	가 출	대 인
못 찾는다	잡는다 (서방에 있다)	원행은 길, 근행은 불길	서북간에 여자집에 있다	소식은 있으나 속히 안온다

소 송	건 강(질병)		계 절 별
화해가 길하다	건강한편, 폐, 신장, 두통, 치통, 수종, 피부, 간질 의약은 서북, 삼신재앙(여자의 한, 산신이 노함)		春凶. 夏平. 秋凶. 冬吉.

1월	욕심을 내지 말 것이며 집안에 아픈 사람이 발생. 불의의 사고조심	7월	원행은 불길하며 질병으로 신음 할 수 있다.
2월	남쪽은 처음에는 어려우나 후에는 길하다. 상가집 가지마라	8월	동남방이 길하며 식구가 늘어 날 수다.
3월	옮겨서 하면 재수있다.	9월	마음을 비우고 인정을 베풀면 매사가 길하다.
4월	문서운(이사수)가 있다.	10월	하는 일로 스트레스, 구설을 조심.
5월	구설조심. 김씨성에 피해 조심.	11월	서방이 길하며, 반흉 반길한 운이다.
6월	사업에는 길하며 소망하는 일은 순조롭다.	12월	재수대길하다. 송사건 발생되면 화해를 해야 손해가 없다.

一三 천화동인 (天火同人)	하늘과 불이 위로 같이 향하는 괘 안으로는 밝은 지혜와 밖으로는 강건한 도를 행하는 괘이다.
▤	이 괘는 劉文龍이란 사람이 외지에 살면서 벼슬을 얻고자 점쳐 얻은 괘인데 후일에 벼슬길에 올라 출세를 했다. 이 괘를 득하면 서로 협력해야 하고 사업가는 뜻맞는 사람과 합작 하여 동업을 해도 좋다, 단 경쟁자가 많아 고심이 많은 때이다.
離火宮 正月卦	동인(同人)은 한가지, 같을, 화합, 모일 동, 사람인이다. 즉 타인과 뜻을 같이 한다는 것을 의미한다. 뜻을 같이 하는 사람끼리 모여 일을 시작하는 때이다.

孫未　孫戌∣應 　　　　　身	택효와 삼형이라 모든게 끝난 운이다. 사업 및 삼각관계조심. 윗사람 조심.　친지와 오해.　심란. 이사. 취직. 송사.
孫未　財申∣	財가 회두생이라 재수운은 좋다. 금전, 여자, 자녀문제. 부모근심. 결혼, 연애 문제. 윗사람의 질책. 이동. 이사.
孫未　兄午∣	형제나 주변사람과 동업이나 일을 하면 손재한다. 실물. 도난. 사기. 친척으로 큰손실. 부동사건으로 말썽
孫辰　官亥∣世 　　　　　命	회두극이고 묘지라 죽을 운, 기도하면 성불한다. 자녀 및 출산근심. 문서(인장)말썽. 관재. 남편재앙. 파직. 질병. 실물수.
父寅　孫丑∣∣	진신에 회두극이니 가정과 문서가 불길하고 자손걱정이다. 자녀 및 출산근심. 부모불안. 문서계약 불길. 이사걱정.
孫辰　父卯∣	자손근심과 건강이 불길하다. 가택불영. 이동, 이사문제. 자녀근심. 사업시작. 직업변동 준비. 世가 화효에 입고되어 꼼짝 못한다.

운세	지금까지의 어려움은 사라지고 뜻밖에 타인의 도움으로 입신출세하는 대길한 운이다.
특성	두령격으로 후배나 제자를 많이 양성함. 내부적으로 분쟁이 많고, 애정문제가 복잡하다. 여자와 관련된 사건이 많다. 병자는 흉하다. 근친자와의 동업은 우여곡절이 많을 수 있고 성공하면 반목과 구설, 음해에 빠지기 쉽다. 재벌. 입학, 고시 등 합격.

신 상	소 망	가 택	재 수	매 매
친구나 동료의 도움이 있다	윗분에게 도움을 청하면 빠르다	화합	독점은 금물 나눠먹으면 길	순조롭다

시 세	취 직	입 학	애 정	출 산
점차오른다	가능	가능	교제가 많다 성혼, 애정풍파	생남

실 물	도 적	여 행	가 출	대 인
못 찾는다	빨리 잡는다	길하다	서북간이나 남방에 있다	온다

소 송	건 강(질병)		계 절 별
원고면 승소	병자는 위험, 심장, 안질, 의약은 서북, 잡신재앙		春凶. 夏吉. 秋凶. 冬吉.

1월	열심히 노력하면 재운에 길하다.	7월	유시무종이다.
2월	기쁜 일 중에 근심이나 구설이 있다.	8월	욕심내면 내는 만큼 손해다.
3월	서북방에서 행하면 의외의 성공을 거둘 수 있다.	9월	바라는 일은 성취되고 승진운도 있다.
4월	액이 소멸되고 귀인이 와서 도와준다.	10월	노력하는 만큼의 성과는 있다. 재물운은 길한편.
5월	주변사람을 조심해야 되고, 노력한 만큼의 소득은 별로다.	11월	남쪽은 불리하고 출행은 삼가라.
6월	하는 일이 꼬이거나 관재나 재앙에 휘말릴 수 있다.	12월	분수를 지켜야되며 신규나 확장하면 반드시 피해를 본다.

一 四 천뢰무망 (天雷无妄)	우뢰가 하늘을 진동하는 괘 뇌성벽력이 칠 때 모두 하늘을 두려워 하는 마음으로 정도를 행하여 천명에 순응할 것을 암시하는 괘이다.
䷘	이 괘는 李廣장군이 신수를 점친 괘인데 장군의 아버지가 호랑이에 게 물려 갔는데 호랑이 잡는중 산중에 바위를 호랑이로 착각하여 화살을 쏘았는데 바위뒤에서 아버지가 살아 있다고 소리쳤다고 한다 이 괘를 득하면 요행을 바라거나 새로운 계획을 세워 행하여도 실이 없으므로 경건한 마음으로 순리대로 행해야 한다.
巽木宮 二月卦	무(无)는 없을 무(無), 망(妄)은 바랄 망(望)이다. 하고 싶은 기대나 예정보다는 욕망도 작위도 없는 자연 그대로의 모습을 말하고 있다.
財未　財戌｜	사업실패나 부부풍파에 돈이 깨어지는 운이다. 여자와 돈문제. 사업관계 근심. 남편조심. 심신불안. 재액. 부부풍파. 財가 동해 퇴신이라 파산이다.
財未　官申｜	새롭게 성장하는 운이고 여자와 사귀면 금전손실이다. 시비구설. 질병. 남편 및 여자관계. 취직. 금전문제. 형제근심. 성정이 불안. 여자생기면 금전손실
財未　孫午｜世 　　　　命	육충괘라 돈은 살아 있으나 변화무쌍하다. 직장 및 삼각관계로 근심. 매매. 사업 문서사고. 연애. 혼담. 남편근심. 應효와 子未원진이고 극하니 좋을게 없다.
父亥　財辰｜｜	건강이 불길하고 자손의 걱정이다. 가정 및 부모근심. 문서우환. 애인이나 부부간의 문제. 화효와 원진이고 묘지라 문서 때문에 말썽이다.
兄卯　兄寅｜｜	5효가 충하니 집안이 전쟁터다. 잡신의 풍파로 재수대흉하다. 이사수. 처첩근심. 손재수. 망신. 실물. 질병. 장자가 불안하 다. 兄이 진신이고 官과 충되니 만사 희망이 없다.
財未　父子｜應 　　　　身	변효와 午未합이라 바람피워 가정풍파다. 문서나 부모근심. 가택불안. 돈걱정. 심신불안. 부동산문제. 世와 합하니 바람피워 가정풍파.

운세	만사 순리대로 임하면 모두 형통하고 발전하는 운세이나, 일을 추진 하다보면 동요와 불안전한 시기일 수도 있다. 경거망동을 피하고 타인과 협력하면 길하고 적극성을 피하고 수동적으로 행하면 길하다.
특성	환경내부에 괴이한 일이 많고 가출인이나 퇴출된 사람이 모락하니 귀인의 도움을 못 얻는다. 집안에 다른 성을 두면 재앙이 생긴다. 중상모략, 형액, 교통사고, 참사, 무관직은 길하다.

신 상	소 망	가 택	재 수	매 매
왕성한 운 극처 질병	성취	왕성	실리가 없다	현재는 시세이하 기다려야 한다

시 세	취 직	입 학	애 정	출 산
상승후 하락	타인에게 부탁 하면 된다	가능	이루어 지나 이별의 징소	생남하나 난산주의

실 물	도 적	여 행	가 출	대 인
찾는다	잡는다	보류할 것	서북간으로 갔다	온다

소 송	건 강(질병)		계 절 별
화해하라	급성질환이나 저절로 치유, 가슴, 두통, 안질, 의약은 서북간, 동토잡신(시름시름 아프다)		春吉. 夏平. 秋凶. 冬吉.

1월	새로운 것은 불리하고 분수를 지켜 야 손해를 안본다.	7월	약간의 손재가 있을 수 있다.
2월	계획을 세워 신중히 행하며 주변에 서 도와 준다.	8월	타지나 외국으로 가도 재물운은 길하 다.
3월	문서운도 있고 가산이 풍족해 진다.	9월	건강주의 남방에서 의약을 구하라. 상가나 문병 가지마라.
4월	북방은 불리하고 구설을 조심.	10월	초순엔 어려우나 지나면 재수가 보인 다.
5월	가정이 편안하고 하는 일이 원만 하게 잘 된다.	11월	건강조심하라.
6월	기쁜 일이 문앞에 와 있으니 재수 가 매우 좋다.	12월	반드시 기쁜 일이 있다.

一五 천풍구 (天風姤)	하늘아래 바람이 부는 괘 중년의 여인이 뭇 남성을 희롱하는 괘이다. 노부가 왕성한 중년 여인의 수완을 당해내지 못하는 상이다.
☰☴	이 괘는 漢나라 呂태후의 신수를 점쳐 얻었는데 두 살난 남의 아이를 惠帝의 태자라 속이고 천하의 실권을 장악하려 했는데 그 뜻을 이루지 못했다. 이 괘를 득하면 주변에 길흉이 돌발적으로 일어나기 쉽다.
乾金宮 五月卦	구(姤)는 만날 구이니, 만난다는 뜻으로 생각지도 않은 재난과 사기, 교통사고 등 많은 손실을 만난다는 뜻이다.
父未　父戌 |	조상이나 윗사람으로 고민. 삼형으로 문서, 인장, 부동산 문제로 근심. 남편근심. 조상이 퇴신이니 조상을 달래야 좋다.
父未　兄申 | 命	처첩근심. 가옥신축. 업무변동. 해외진출문제. 파재. 화효가 世를 충하니 문서에 문제가 있고, 손을 극하니 이득이 없다
父未　官午 | 應	부동산 매매. 이동수. 취관. 진급. 송사. 부부반목. 남편이 외지거주. 애정파란. 문서는 子午,丑未충할 때 탈이 난다.
官午　兄酉 |	형제재앙. 집안간 싸움. 손재구설. 남자이별.　관사조심. 주색조심.
官午　孫亥 | (伏寅財)　身	자녀 및 출산 근심. 남편 이별 등 근심. 실물. 도난. 관재구설. 이사관계
孫子　父丑 ||世	가정 및 자식근심. 신상변동. 이사문제. 혼담.　운수업관계. 아버지가 자식이 미워 때린 격이니 자식가출 등 걱정.

운세	여자가 강할 때이며 여자관계 사건에는 길하다. 비천한 여자가 귀인에게 접근하여 정사를 하는 형상이다.

특성	주색, 여난으로 명예훼손, 부정한 여성, 애인상봉, 일수놀이, 죄과폭로, 금융, 유흥, 화장품업, 조상, 산소와 관련된 일을 길함, 가정파탄, 해직, 사기, 횡령, 배신.

신 상	소 망	가 택	재 수	매 매
작은 일은 길 큰일은 흉함	어렵우며 여자에게 부탁할 것	불길	평탄	유리하다

시 세	취 직	입 학	애 정	출 산
진폭이 크다	늦다	어렵다	어렵게 되나 결혼후 풍파	아들순산

실 물	도 적	여 행	가 출	대 인
늦으면 못찾음	잡는다	색난조심	남방의 친척 집에 있다	소식은 있으나 오지않는다

소 송	건 강(질병)		계 절 별
불리하다 중재자 필요	오래간다, 변비, 한열, 근골통, 감기, 의약은 서북, 시집못간 귀신(소리지르고 있다)		春凶. 夏凶. 秋吉. 冬凶.

1월	마음을 안정하고 대인관계시 시비 구설을 조심하라.	7월	귀인을 만나 의외의 횡재수도 있다.
2월	하는 일은 순조롭게 된다.	8월	매사 순조로우나 주변사람을 조심해라.
3월	동북방으로 출행은 불리하다.	9월	매사 꽉막히는 운이니 마음 안정하고 행하면 손해가 없다.
4월	신수가 불길하며 질병조심, 매매는 지연된다.	10월	생각이나 의견의 불통이니 모든 일이 생각대로 안된다.
5월	질병의 서방에서 의약을 구해라.	11월	주변 사람으로 인한 근심이나 피해를 조심하라.
6월	문서근심, 재수가 불통이다. 신경성	12월	명예, 직장운은 길하나 재수는 불리하다.

一六 천수송 (天水訟)	하늘은 위로 향하고 물은 아래로 흐르는 괘 하늘의 양기는 올라가고 물을 아래로 흐르니 서로 화합하지 못하고 어긋나는 상이다,
䷅	漢高祖가 丁公을 참(斬)하려고 의심 끝에 점친괘인데 그후에 참살되 었다. 이 괘를 득하면 함부로 타인과 다투지 않도록 조심해야 한다.
離火宮 二月卦	송(訟)은 소송이나 재판을 뜻한다. 하늘은 위로, 물은 아래로 향하니 서로가 다투는 형상이다.
孫未　孫戌 ｜	자녀문제. 삼각 및 동업관계. 형제, 동료, 부모, 윗사람에 대한 근심. 직업걱정, 파살이니 조상탈. 묘이장 하지마라 대들보 내려 앉는다
孫未　財申 ｜	부모 또는 문서근심. 처첩 및 자녀문제, 취직. 연애. 혼담. 사회활동은 재물운이 있고 건강도 양호하다.
孫未　兄午 ｜世 　　　命	사업문제. 변동. 여자 및 돈근심. 건강조심. 자식땜에 화병, 심장병, 신경성 위장병
財酉　兄午 ｜｜ （伏亥官）	내부불안. 처와 불화. 주거불안. 손재구설. 실물. 주거변경. 주색. 돈을 지킬 수 없는 운이니 조상, 오방토지신께 빌어라
兄巳　孫辰 ｜	자녀의 경사. 이사문제(길하다). 직위불안. 거래처증가, 상인은 단골이 늘어난다.
兄巳　父寅 ｜｜應 　　　身	이동. 이사. 문서계약 말썽. 생남수. 여자로 인한 실패. 손재. 심신산란. 삼형이라 손재한다.

운세	투쟁이나 시비 소송이 있을 때이다. 타인과 의견 불일치. 정당한 일이라도 대립하면 불리하니 고집과 경거망동을 삼가고 인내심으로 노력하여야 한다.
특성	반목, 배신, 시비구설, 소송, 형사문제, 사기, 도난, 파혼, 가정불화, 놀랄 일이 생긴다, 연애고민, 노부모 건강주의, 법률인, 군인, 의사, 기술업 종사자는 길하다.

신 상	소 망	가 택	재 수	매 매
불안	도로무공	불안, 이사코자 하나 어렵다	보통	보류

시 세	취 직	입 학	애 정	출 산
폭이 큰 강세 보합	늦다	어렵다	성혼하면 배신	생남

실 물	도 적	여 행	가 출	대 인
늦게 찾는다	서방에 있다	불리하며 구설수	멀리 갔다	부르면 온다

소 송	건 강(질병)		계 절 별
중지함이 길함	치유가 어렵다. 배, 신장, 충치, 양가집 조상있다, 의약은 북방		春凶. 夏平. 秋吉. 冬凶.

1월	재수 있을 듯하나 돈이 안모인다. 원행조심(도적, 사기)	7월	재물운은 아주 길하다.
2월	주변 사람과 시비 구설 조심	8월	귀인이 도와주는 운으로 사업이나 가정이 화목하다.
3월	마음 맞는 사람의 도움으로 순조롭게 나아간다.	9월	수산업, 어류와 관련된 사업이나 영업은 길하다.
4월	처음엔 힘드나 나중에는 이루어 진다.	10월	매사 지체되어 심신이 고달프다. 자식근심.
5월	현상태를 유지하라. 욕심내면 손해 본다.	11월	관재구설 조심. 소송사건 등.
6월	열심히 노력하면 재수운은 길하다.	12월	건강에 유의하라. 귀신이 발동하여 범접하였다.

一七 천산돈 (天山遯)	하늘아래 산이 있는 괘다
	산위에 하늘이 있으나 산이 위로 솟아올라 하늘이 산에 가려 보이지 않는 상이다. 물러나 안보이게 숨어서 피하라는 뜻이다..
䷠	이 괘는 齊나라 孟嘗君의 신수점인데 秦나라의 昭王의 포위망을 뚫고 위험을 벗어나 잘 도망쳤다. 이 괘를 득하면 현재상황에서 몸을 피하는게 상책이다. 운세가 기울어 아무것도 할 수가 없다.
乾金宮 六月卦	돈(遯)은 달아나다, 즉 일보 후퇴하라는 뜻이다. 소인배들의 세력이 강하여 군자가 물러감을 교시한다.

父未　父戌 |	부모, 조상문제. 문서 계약관계. 송사. 남편근심. 남편바람. 이혼문제.
父未　兄申 | 應	형제, 동료, 존장문제. 원행. 심란. 건축 또는 계약문서 근심.
父未　官午 | 命	남편 또는 존장문제. 문서, 계약문제. 친구절교. 송사. 손재. 소식. 점포는 구해지나 장사는 안된다.
財卯　兄申 |	형제나 처첩문제. 돈관계. 손재. 구설. 횡액. 형제불목. 불륜교제.
孫亥　官午 || 世 (伏寅財)	남편이나 자녀근심. 관재구설. 파직. 도난. 질병. 가택불안.. 화재. 회두극이라 가신 발동이다. 이사해도 불리하니 산신에게 빌어라.
財卯　父辰 || (伏子孫 身)	부모나 처, 여자문제. 자녀근심. 가택이 불안. 이사수. 문서관계 근심.

운세	소인배를 멀리하고 숨어 살아야 살아 남는다. 쇠운이니 매사에 손을 떼고 일보 물러서서 대비책을 강구 하여야 한다. 일시 피신함이 후일에 길하다.
특성	피신할 일이 생긴다. 관재구설, 실직, 좌천, 가출, 주거이동, 사업중단, 수표 어음부도, 부정거래

신 상	소 망	가 택	재 수	매 매
불리	못 이룸	질병재앙, 흉사, 이사하라	빚더미에 앉은 상태	불리

시 세	취 직	입 학	애 정	출 산
보합상태	어렵다	예능계 가능 그 외는 불가	불리	생남하나 난산

실 물	도 적	여 행	가 출	대 인
못 찾는다	동북간에 있다	고생	멀리간다	안온다

소 송	건 강(질병)		계 절 별
상대가 유리하니 화해가 최선	오래간다, 폐, 두통, 신경통, 중풍, 각기, 구토, 의약 은 서북, 산제 잘못지냄, 음식재앙, 자손병 이사길		春吉. 夏凶. 秋平. 冬凶.

1월	상하가 화목하고 어디에서나 이름을 떨칠 수 있다. 재수도 길하다.	7월	가정에 근심이 있으나 종내에는 평온하다.
2월	운이 대길하니 도모하는 일마다 성취된다.	8월	노력보다 결실이 없다. 용두사미가 되기 쉽다,
3월	재앙이나 질병은 물러나고 기쁜일만 있다.	9월	재수대길하다. 부동산 매수운.
4월	역마가 들어 1차 원행갈 수다. 직장, 남편운은 길하다.	10월	다른 일을 도모하거나 생남수다.
5월	시비구설을 조심하라 관재수가 있다.	11월	매사 지체되어 심신이 고달프다. 무리하면 금물.
6월	매사 불리하니 신규사업이나 동업은 금물이다.	12월	귀신발동, 관재조심.

一 八 천지비 (天地否)	하늘과 땅이 서로 불통되어 교합하지 않는괘
	아래의 곤은 구멍이 있어 통하나 위의 건은 막혀있어 통하지 못하는 상이다.

䷋	七帝六國을 다스린 蘇秦이 일신상의 문제를 친 점인데, 이 괘를 득하면 매사불의하며 타인에게 증오의 대상이며, 부부사이도 원만치 못하다. 은인자중해야 한다.
乾金宮 七月卦	비(否) 막힐비, 아닐 부이며 즉 막혀서 통하지 않는다는 뜻이다. 위의 하늘은 위로 향하고 밑의 땅은 아래로 향하니 서로가 배타적인 관계로 형성되어 서로가 상반되어 있는 형상이다.

父未　父戌 ｜ 應	부모나 윗 어른 문제. 문서계약. 부동산 관계. 심란. 문서에 불길.
父未　兄申 ｜	동료나 윗 어른 문제. 처액. 손재구설. 취직문제. 건축. 부동산. 관재. 사고. 世와 원진(귀찮은 사람만나 손해)
父未　官午 ｜ 　　　　　身	남편이나 윗 어른 문제. 형제근심. 취직. 진급. 질병. 소식. 문서관계.
兄申　財卯 ｜｜世	신상문제. 파재. 처액. 부부풍파. 이성문제. 실물. 형제로 인한 고민. 처나 돈문제로 신경 쓰이는 운이다. 빚 독촉.
父辰　官巳 ｜｜	남편 또는 부모문제. 문서계약. 이사문제. 가내우환. 송사. 소식.
孫子　父未 ｜｜ (伏子孫)　命	가택이 불안. 자녀 및 처로 인한 근심. 이사. 이동. 계약건이나 수표문제. 손실. 주색.

운세	모든 일이 시운에 역행하고 상하가 통하지 아니하여 노력을 하여도 진퇴양난인 속수무책의 시기이다. 경거망동하여 더욱 수렁으로 빠져드니 난관극복을 위해 인내를 갖고 때를 기다려야 한다.
특성	거래불통, 절교, 배신, 관재구설, 도난, 상복, 실직, 가정이 편하면 대외적으로 불길하고, 가정이 불길하면 대외적으론 길하다. 권력자 상종금지, 파벌에 관여하지 말것.

신　상	소　망	가　택	재　수	매　매
때를 기다려라 현재 속수무책	처음 난망 나중엔 길	근심	불길	서둘지 말고 팔면 길하다

시　세	취　직	입　학	애　정	출　산
보합	안된다	안된다	장애	초산은 여아 후산은 남아

실　물	도　적	여　행	가　출	대　인
찾는다	2명 산이나 물가에 있다	보통	멀리 갔으며 못 찾는다	안온다

소　송	건　강(질병)		계　절　별
장기적이며 형액수 있다	위험, 뇌출혈, 폐, 두통, 복통, 위병, 수족마비, 의약은 서남, 서북. 동토(이사잘못), 굿 잘못했다.		春吉. 夏凶. 秋平. 冬吉.

1월	매사가 순탄하게 잘된다.	7월	초반은 길하나 후엔 흉하니 반드시 대비하라.
2월	안팎으로 화합하고 소망이 이루어진다.	8월	용두사미격이다.
3월	활동적인 사업은 대길하다. 의외의 득재수가 있다.	9월	직장이나 명예에는 길한 운이다.
4월	진퇴양난의 운이다. 매사 조심하라.	10월	매사가 여의하니 하는 일이 형통한다.
5월	매사 삼가고 근신해야 손해가 없다.	11월	여자를 조심해야 하고, 손재수 있다. 자식근심.
6월	처와 자식 건강에 신경쓰라. 부모걱정.	12월	문서관련 관재, 남편이나 직장에 문제가 있다.

二 一 택천쾌 (澤天夬)	하늘 위에 연못이 있는 괘 못의 기운이 증발하여 하늘을 덮고 있으니 본래의 형태로 가야할 결단의 상이다.
䷪	韓信장군이 점쳐 얻은 괘인데 결국 처형되었다.(맨위의 음효가 하나 있는데 아래의 굳센 양효가 치고 올라오니 하극상이다) 이 괘를 득하면 위험한 상황에 직면한 상태이고, 주위의 (공갈, 협박 등)을 당하게 된다.
坤土宮 三月卦	쾌(夬)는 결의, 결단, 결정에 해당된다. 하늘에 있는 연못의 물이 출구만 있으면 만물을 적실 수 있는 형상이다.

兄戌	兄未 ||	형제, 친구, 동료간의 문제. 남편근심. 취직고민. 손재구설. 처첩근심. 묘이 동하여 손재수 되는게 없으니 인내하라.
孫申	孫酉 | 世	신상 변동건. 자녀 및 아랫사람 문제. 동업건. 연애. 혼담. 쌍태아. 孫이 퇴신이고 택효 官과 원진이라 되는게 없다.
孫申	財亥 | 身	재물운은 들어오나 관리를 잘해야 한다. 처나 자식문제. 취관. 득재. 처의 부정. 혼담. 주색유흥.
兄丑	兄辰 |	형제문제. 처나 돈 조심. 삼각관계. 애정건. 가정불화. 취직건.
兄丑	官寅 | 應 (伏巳父)	남편문제. 형제불목. 취직건. 시비구설. 송사. 이사. 우환. 가정이 불안. 터신에게 빌어야 탈이 없다.
兄丑	財子 | 命	손재. 실패. 여자로 인한 근심. 부부이별. 취직건 남자는 애인생긴다.

운세	그 당당한 기세만 믿고 분별없이 밀고 나가면 반파의 위험이 있다. 마치 독재자가 무소불위의 권력을 휘두르면 반정이 따르게 마련이니 덕으로 다스려야만 모면할 것이다.
특 성	결단을 내릴 때이나 아집 때문에 동지도 적이되고 도처에 적을 만드니 양보의 미덕과 유아한 태도로 나아가야 한다. 내부불화. 암투로 신체손상이나 저격으로 사망, 사업실패, 중도좌절, 퇴직, 이동, 인사이동.

신 상	소 망	가 택	재 수	매 매
강성	방해로 중도좌절	거주불안 수해조심	빈곤뒤에 횡재수	흉하나 된다

시 세	취 직	입 학	애 정	출 산
상승후 하락	어렵다	된다	흉하다	생남

실 물	도 적	여 행	가 출	대 인
찾는다	못 잡는다	혼자는 흉하며 손재수	서방에 있으며 나중에 소식온다	안온다

소 송	건 강(질병)		계 절 별
승소한다	위험, 폐, 가슴, 배, 뇌, 중풍. 감기 피부, 근골통 의약은 서방, 잡신우글(잠자리가 불안)		春平. 夏吉. 秋吉. 冬凶.

1월	횡액수, 관재구설조심. 동쪽의 사람이나 일에 손해본다.	7월	도모하는 일마다 성취되는 길운이다.
2월	관재수, 주변으로부터 배신이나 피해를 본다.	8월	어려운 중에도 이루어 지는 운이다. 과음삼가.
3월	북방은 길방이고 이익이 있다.	9월	재수가 대길한 운이다.
4월	사람을 믿지마라 기대보다 실망이 크다.	10월	동남쪽으론 피해가 적다.
5월	나가면 불리하고 집안에 있으면 길하다.	11월	신규사업하면 반드시 실패한다.
6월	서서히 재수가 들어온다. 건강조심. 폐, 자궁, 간.	12월	주변사람을 조심하고 관재수 있다. 손재.

二二 태위택 (兌爲澤)	연못이 겹쳐있는 괘 상하로 못이 있어 큰 못을 이루어 물이 출렁이듯 밖으로 기쁨을 표출하는 상이다.
䷹	당나라 삼장법사가 인도에서 경을 가져올 때 친 점괘이다. 여러차례 재난을 만났으나 무사히 경을 가지고 귀국했다. 이괘를 득하면 말조심(구설)을 해야한다. 반면 말로서 하는 직업은 크게 이롭다.
兌金宮 十月卦	태(兌)는 기뻐하는, 즐거워하는 상태며 연못이 겹쳐있는 형상으로 소녀의 입이 방긋 웃는 상이다.

父戌 父未 || 世	고집을 버리면 귀인이 도운다. 부모, 존장에 관한 일. 부동산 매매. 신상변동. 송사. 타인기만. 입학문제. 삼형이라 문서상 관재.
兄申 兄酉 | 命	여자조심, 자신의 예상이 빗나간다. 형제나 동료문제. 처첩이나 돈조심. 구설. 관송. 원행이나 이사문제. 퇴신이라 그래도 피해가 적다
兄申 孫亥 |	남으로부터 방해를 받는다. 마음을 잘 다스려야 한다. 형제나 동료 또는 자녀문제. 남편근심(좌천, 실직 등). 가정이 귀문이라 가정이 불안하다.
父辰 父丑 || 應	주거불안으로 마음고생한다. 열과 성을 다하라. 부모, 존장에 관한 일. 문서가 충되어 문서(인장)건. 소식. 계약이 어렵다. 심신불안.
財寅 財卯 | 身	현상태가 좋다, 귀인의 협력을 얻는다. 처첩이나 돈조심. 시비구설. 처 가출.
財寅 官巳 |	불법행위를 하면 재앙이 오니 항상 정도로 가라. 남편이나 여자문제. 남편에게 애인이 붙는다. 돈문제. 시비구설. 취관. 질병. 기지가 발동.

운세	서로 믿고 도와주는 사람들이 모여 기쁨과 즐거움이 많을 때이다. 적은 것은 기쁜 일이 있으나 이를 탐하다 보면 큰 것을 잃을 우려가 있는 때이다. 즉 겉으로는 화려해 보이나 빛 좋은 개살구다. 겸손하고 성심껏 노력하면 크게 성공할 기회를 잡을 수도 있다.
특성	허영, 사치, 낭비, 이성문제 복잡, 이중생활, 혼전임신, 시비구설, 소송, 애인부정, 문화, 매스컴, 접객, 연예, 인쇄업은 길하다,

신 상	소 망	가 택	재 수	매 매
초반고전 후반 길함, 질병조심	늦게 성사	근심, 여자의 해를 막아라	점점 길하다	파는 것이 길함

시 세	취 직	입 학	애 정	출 산
상승이 안됨	된다	낮춰 지망	구설	여아순산

실 물	도 적	여 행	가 출	대 인
못 찾는다	못 잡는다	여난조심 시비가 많다	여자집에 있다	온다

소 송	건 강(질병)		계 절 별
화해가 길하다	위험, 위궤양, 식중독, 폐, 두통, 눈병, 가슴, 의약 동방, 기도부정, 동자신이 따른다.		春吉. 夏凶. 秋吉. 冬凶.

1월	운은 길한편이나 여자로 인하여 스트레스 받는다, 건강조심하라.	7월	도모하는 일은 길하고 재수가 대길하다.
2월	재물운은 길하다.	8월	하는 일이 한층 발전하는 길운이다.
3월	신상에 길하다. 서방인이 도운다.	9월	가정이 화평하고 재수도 길하다.
4월	가신발동, 집안우환, 자식을 위해 기도해라.	10월	질병조심. 건강을 생각해라.
5월	신규사업이나 동업하면 손재한다.	11월	초반에 우여곡절이 많으나 후엔 길하다.
6월	매사불리하며 가정이 불합하다.	12월	상하가 불통하고 길흉이 상반이다.

二三택화혁(澤火革)	연못 아래 불이 타고 있는 괘
	못속에 불이 들어 있는 상인데 못 가운데 화산이 폭발하여 새로운 땅을 만들어 변화를 하는 형상이다.

䷰	한나라 彭越이 楚覇王과 항쟁중에 식량이 떨어져 점쳐 얻은 괘인데, 원군이 도와 승리 했으나 후일 한고조에 피살되었다. 이괘를 득하면 일신상으로 환경이 바뀐다, 직장인은 인사이동 가정에는 이사나 결혼으로 새식구가 생겨 활기로운 때이다.
坎水宮 二月卦	혁(革)은 고친다, 바로 잡는다는 뜻으로 혁명, 혁신, 변화, 개혁할 시기이므로 변화를 하지 않으면 안된다.

官戌　官未 | | 　　　　　身	먼곳의 사업, 여행은 실수와 신병조심. 재물운은 온다. 남편문제. 조상문제. 도난. 친척조심. 구관. 영전. 승진. 官이 동하여 극세하고 삼형이라 관재조심.
父申　父酉 |	경거망동하면 파면, 손위 어른이 아프다. 일의 추진난망. 부모나 존장문제. 부동산 계약문제 불길(퇴신). 가옥증축. 원행은 불길.
父申　兄亥 |世	토지로 인한 구설시비, 색정조심, 부모가 아프고 산소탈. 형제나 부모문제. 신상변동. 문서관계. 색정으로 인한 구설. 문서상 길. 午월이 돼야 금전이 풀린다.
官辰　兄亥 | （伏午財）命	공명이 약하니 윗사람의 말을 잘 들어라. 형제근심. 남편문제. 처첩 및 돈조심. 처가출. 귀신에 씌었다(처첩 원혼귀 : 안택굿)
孫寅　官丑 | |	주거나 직장이 불안하다. 관재나 소송에는 길하다. 남편 및 자녀근심. 가정불안. 거주불안. 퇴직. 관재. 도난. 이사걱정. 질병발생.
官辰　孫卯 |應	가정이나 직장이 흔들리고 관재나 질병 등 매사조심. 자녀 및 남편근심. 산아근심. 이동수. 실물수. 應효가 동해 해살이고 官에 입고하니 관재구설이나 질병이다.

운세	현재의 모든 것이 부패된 상태라 변혁을 꾀하지 않으면 안된다. 낡은 것을 버리고 새로운 것을 창조하는 개혁을 단행해야 할 때다.
특성	다소의 희생이 따르더라도 과감히 개혁하면 크게 발전하리라. 혁명가, 군인, 법관, 운동가, 이미용사, 물장사, 건설업, 노동자는 길하다. 흉한면은 살인강도, 낙오자, 사업중단자, 선동자, 교통사고조심.

신 상	소 망	가 택	재 수	매 매
시운역행	속히성취	화재조심	길하나 지출이 많다	속히 안되나 이익은 있다

시 세	취 직	입 학	애 정	출 산
상하곡선	여자의 방해로 늦어진다	목표와 다른 학교에 입학	불리, 부부풍파	생녀

실 물	도 적	여 행	가 출	대 인
여자에게 물어라 서쪽	잡는다	동행하면 길하다	여자집에 있다	온다

소 송	건 강(질병)		계 절 별
승소	오래간다, 배, 두통, 창독, 종기, 가슴, 눈, 코, 의약 서방, 주방수리 잘못		春凶. 夏平. 秋凶. 冬吉.

1월	노력하면 만족한 결과를 얻는 기쁨이 있다.	7월	문서운. 자신있게 추진하면 매사 길하다.
2월	동남방은 피해를 볼 수 있다. 새로운 일의 시작이다.	8월	초반에 흉하나 후반에는 길하다. 자식근심.
3월	토지로 인해 이익이 있다. 건강조심, 신경성.	9월	火姓은 불리하다.
4월	덕망과 재물운이 길하며, 바라는 일이 잘 풀린다. 원행수가 있다.	10월	상하화합하고 자식이나 재물에 길하다.
5월	불조심. 상하가 화합하고 직업, 명예에 발전이 있다.	11월	어려운 일도 성사되고 외부에서 횡재수도 있다.
6월	처의 우환이나 윗분으로 근심이 있다.	12월	남북에는 이익과 덕을 볼 수 있다.

二四 택뢰수 (澤雷隨)	연못속에 우뢰의 에너지가 잠복한 괘 못아래에 우레(震)가 있어 못 아래가 움직여 태(兌)가 즐겁게 출렁이며 춤추는 상이다.
䷐	손빈(孫臏)이 진나라를 칠 때 점쳐 얻은 괘인데 후일 결정적인 승리를 예견할 수 있었다 탁월한 지혜로 수많은 난관을 이기고 부귀겸전하는 괘상으로 다른 재난과 구설수를 조심하면 매사 순탄하다.
震木宮 七月卦	수(隨)는 따른다. 즉 피동적이 아닌 자의로 즐겨 따르는 상태다. 중년의 남자가 소녀에 반하여 따른다는 뜻이니 모든 일에 무리하지 않으면 좋은 결과가 나온다.

財戌　財未∥∥應	처첩 및 금전, 재산문제. 부모나 형제근심. 혼담. 연애. 집안에 환란.
官申　官酉∣ 　　　　身	남편문제. 취직문제. 형제근심. 언쟁송사. 교통위반. 계약의 유보. 동효가 택효를 극하니 집안이 혼란하다.
官申　父亥∣ (伏午孫)	부모나 남편문제. 시험. 취관. 관송. 문서계약. 새출발 할려 고 하나 현상유지가 길하다. 시험, 취직은 돈 쓰면 길.
父亥　財辰∥∥世	부동산계약근심. 부모나 존장근심. 신상변동. 처첩문제. 이사는 길하다.
兄卯　兄寅∥∥ 　　　　命	형제문제. 손재구설, 실물. 처액. 이동. 이사. 처의 가출. 빚이 늘어난다.
財未　父子∣	부모재액. 이사 및 돈근심. 가택이 불안. 교제근심. 문서(인장)말썽.

운세	약한 운세이나 나쁜운은 아니다. 앞서지 말고 타인을 따라 행하거나 타인의 일을 이어 받으면 길하다. 지금까진 적극적이었으나 앞으론 내부에 충실토록 노력하여야 한다.
특성	이향, 주거이동, 직업변동, 퇴직, 전직, 변동은 더 길한 일이 생긴다. 형제간 협력은 손재, 젊은이는 색정실패우려, 년상이나 년하와의 결합, 삼각불륜관계, 가출, 동반자, 이혼, 부업, 양자, 해외여행수속.

신 상	소 망	가 택	재 수	매 매
평범	윗사람에게 협조를 받아라	괴이하고 놀라 는 일이 많다	길하나 지출이 많다	파는 것이 길하다

시 세	취 직	입 학	애 정	출 산
팔면 내리고 사면 오른다	된다	된다	길하다	여아순산

실 물	도 적	여 행	가 출	대 인
서쪽 높은곳에 찾아봐라	동쪽 전원주택, 물가집 은신	길하다	멀리있으나 소식은 온다	동행자와 같이온다

소 송	건 강(질병)			계 절 별
승소	오래간다, 폐, 수족, 머리, 코, 가슴, 감기, 의약서방, 망한집 물건 잘못샀다, 귀신도적 따른다.			春平. 夏吉. 秋凶. 冬吉.

1월	안팎으로 화합하고 사업에 재수가 보인다.	7월	시비구설을 조심하라. 관재가 두렵다.
2월	일의 지체가 있고 신상에는 곤란이 있다.	8월	손재수가 있으니 매사조심하라.
3월	혼인에 길하다. 생남수. 기쁜일이 있다.	9월	욕심내면 재물이 흩어진다.
4월	서방에서 이익이 있다.	10월	신규사업은 불리하니 현재의 일을 계속 유지해라.
5월	하는 일이 여의하고 소망이 성취 된다.	11월	귀인이 도우니 큰 이익을 얻을 수 있 다.
6월	재운이 왕성하여 집안이 화평하다. 재수대길한 운이다.	12월	심신의 고통이 따르나 나중엔 반드시 길함이 있다.

二五 택풍대과 (澤風大過)	연못의 물이 나무를 삼켜 버리는 괘 대과괘는 안에는 양효가 있고 상하괘는 허한 음효가 있어 내실은 강하나 외적으로는 허실한 상이다.
䷛	강태공(姜太公)이 위수에서 낚시를 하면서 얻는 괘인데 후일 80고령 에 주문왕을 만나 중용되었다. 이괘를 득하면 대개 괴로움에 처해있는 경우로서 과다한 책임을 맡거나 막중한 일에 쫓겨 괴로워할 때이다.
震木宮 二月卦	대과는 너무 지나치다는 뜻이며 비정상, 위태로운 형상이다. 나무가 큰 홍수를 만난 상이라 분수가 지나쳐 무리가 많은 위기 일발의 상태이다.

財戌　財未丨丨 　　　身	여자 또는 돈문제. 색난. 주거이동. 부모근심. 문서근심. 진신인 財가 극세하여 돈은 되나 世가 쇠약하면 병난다.
官申　官酉丨	직업이나 직장이 불안하니 매사 조심하여야 한다. 남편이나 남자문제. 구설. 논쟁. 몸고초. 질병.
官申　父亥丨世 (伏午孫)	부모 또는 남편문제. 취관. 관재. 전학. 병난. 문서계약. 자녀근심. 시험합격. 관직에 길하다.
孫午　官酉丨 　　　命	남편 또는 자녀근심. 산아근심. 퇴직. 관재. 명예훼손. 실물. 화효 午와 응효 丑이 원진이라 자식에 문제있다.
孫午　父亥丨 (伏寅兄)	부모 또는 자녀근심. 가택불안. 이사걱정. 병난. 색난. 문서계약.
父子　財丑丨丨應	부동산 등의 투기심리를 조심하고 신중을 기해야 한다. 처첩 또는 부모근심. 문서계약이나 돈걱정. 이사. 이동수.

운세	겉으론 화려해 보이나 내면으로는 수습불가한 난관에 처해 파탄 일보직전이다. 인내와 신념으로 이겨나가면 귀인을 만나 회복할 수 있다.
특성	불안, 염세, 자금난, 불순이성과 교제, 노처녀 혼기, 이중생활의 남자, 남편과 정부사이에서 고민하는 여자, 근친정사, 불합, 별거, 가출, 부상, 혈광, 범죄, 전과자, 타성을 집안에 두면 큰 소동이 난다.

신 상	소 망	가 택	재 수	매 매
빈궁, 양처, 부부불화.	안된다	타인과 동거 하면 길하다	자금난	안된다

시 세	취 직	입 학	애 정	출 산
앞으로 하락	안됨	하향지원	불성	생녀

실 물	도 적	여 행	가 출	대 인
못 찾는다	잡는다	사고조심	안온다 남방으로 갔다	찾아가면 어긋난다

소 송	건 강(질병)		계 절 별
화해가 길 대응하면 패소	위험, 폐, 가슴, 머리, 식중독, 목구멍, 근골통, 의약 서방, 잡신침범, 조상이 돌보지 않는다.		春吉. 夏平. 秋凶. 冬平.

1월	도모하는 일은 순조롭게 된다.	7월	시비구설이 분분하니 매사조심하라.
2월	신상에 좋은 일이 있으며 금전의 출입이 많다.	8월	신수가 불길하다. 몸을 다칠 수 있으니 조심하라.
3월	바라는 일이 성사되는 길운이다.	9월	주색과 여자를 조심하라. 피해당할 수 있다.
4월	북방이 길하다. 사업, 여행도 하지 마라.	10월	남북양방으로 일의 반복이다. 신중히 처신할 것.
5월	집안에 근심이 있을 수니 기도하면 액을 면한다.	11월	주변으로부터 도움을 받는 인연을 만난다.
6월	남북으로 분주하나 결과는 미흡하다.	12월	재물이나 직업운은 길하다.

二六 택수곤 (澤水困)	연못에 물이 없는 괘 못 아래에 물이 있으니 못의 물이 땅속에 스며든 상태라 곤궁한 상이다.
䷮	李德裕란 사람이 신수를 점친 괘인데 이사람은 재상을 지냈는데도 분별력이 모자란 사람이었다. 이괘를 득하면 경제적으로 곤궁에 빠져있는 때이며, 건강으로는 위장에 병이 났거나 물심양면으로 곤란을 겪는 때이다.
兌金宮 五月卦	곤(困)은 곤란과 곤궁을 뜻한다. 울타리 안에 갇혀 있는 나무요, 물이 없는 연못이다. 길이 막히고 힘이 다한 참으로 암담한 고난을 의미한다.

父戌 父未 || 命	존장이나 문서관계. 매매. 시비구설. 자녀근심. 돈 및 여자근심.
兄申 兄酉 |	주변사람이 도와 주는 듯하나 시비구설을 조심. 형제나 동료문제. 돈 및 처첩근심. 이별. 색난. 취직문제.
兄申 孫亥 |應	자녀나 형제문제. 동업관계. 직장근심. 명예손상. 남편근심. 마음심란.
兄酉 官午 || 身	남편이나 형제문제. 형제불목. 시비구설. 실물. 손재. 가택불안. 이사. 전직.
官巳 父辰 |	부모나 남편문제. 문서계약. 이동. 이사. 취관. 전직. 관송. 자녀근심.
官巳 財寅 ||世	직장, 남편의 관재구설로 금전의 손실이 있을 수 있다. 처첩이나 남편문제. 친척근심. 여자로 인한 고민. 이별. 이사.

운세	만사 되는게 없는 고난의 연속인 최악의 운이다. 심신이 지쳐있는 상태고 움직이면 수렁으로 점점 빠져드니 경거 망동은 삼가고 자중해야한다. 하늘이 불신임하고 있으니 일을 벌리지 말아야 한다.
특성	실력부족과 시운마저 불리하니 위인의 도움을 청하여 곤경을 타개하라. 불안, 근심걱정, 신병, 사기도난, 실직, 부부불화, 이혼생각, 보증관계, 남자는 사기협작, 가정파탄, 투기실패, 형액, 5일이나 5개월후 회운, 여자는 남자관계 복잡, 금전상명예손상. 요식업, 개간사업, 양어장, 은퇴자, 영웅, 도사, 고독한 지사.

신 상	소 망	가 택	재 수	매 매
분수를 지키고 때를 기다려라	때를 기다려라	처자재액	불리	불리

시 세	취 직	입 학	애 정	출 산
하락	잘 안됨	안됨	불리 되어도 오래못감	생녀

실 물	도 적	여 행	가 출	대 인
늦으면 못 찾음	잡는다	중도장애	소식이 온다	늦어도 온다

소 송	건 강(질병)	계 절 별
승소해도 불리	오래가고 중태다. 폐,흉, 목, 코, 자궁, 임질, 혈도 잡신이 따른다.	春吉. 夏凶. 秋平. 冬吉.

1월	시작하는 일은 대길하며 의외로 득재하는 운이다.	7월	현재일을 계속해라 변화하면 손해다.
2월	매사 순조로우며 재수도 길운이다.	8월	주변의 도움으로 재물운에 길하다.
3월	심신이 고달프나 주변의 도움으로 헤쳐나간다.	9월	시비구설조심.
4월	시비구설조심. 관액을 당할 수 있으니 조심하라.	10월	흉한 중에도 헤쳐날 수 있으니 참고 노력하면 나중에는 길하다.
5월	욕심내어도 남 좋은일 만들어 준다.	11월	주변사람과 시비하지마라 피해를 볼 수 있다.
6월	탐욕을 내지말고 마음을 비워라.	12월	윗사람에게 공경하라. 문서계약, 새로운 일의 시작은 불길하다.

二 七 택산함 (澤山咸)	산위에 연못이 있는 괘
	젊은 남녀(처녀와 총각)가 서로 마음을 통하여 사랑을 나누는 상이다.

䷞	한나라 旺昭君이 호국(胡國)에 가면서 점친 괘인데, 후일 왕소군은 귀국하지도 않았다. 이괘를 득하면 감수성이 강하거나 감상에 빠지거나 이성을 잃을지도 모르는 상황이다

兌金宮 正月卦	함은 느낀다, 감응된다, 마음이 통한다는 뜻이다. 소녀(兌)와 소년(艮)이 만나 불꽃튀는 애정이 통하는 상이다.

父戌　父未 ‖ 應 　　　　　命	문서나 공부운이 길하며 부모의 도움이 있다. 부모나 존장문제. 문서계약 소송. 소식. 시험. 자녀근심.
兄申　兄酉 ∣	형제나 주변사람들이 등을 돌리니 믿을건 나자신 뿐이다. 형제나 동료문제. 손재. 변동. 취직문제. 해외진출.
兄申　孫亥 ∣	자손들로 인한 경사가 있으나 남편 건강에 유의. 자녀나 형제문제. 남편근심. 직업변동. 동업.
財卯　兄申 ∣ 世 　　　　　身	항상 처나 돈 때문에 신경쓰인다. 형제나 처첩문제. 손재구설. 가정불화. 돈걱정. 마음심란
孫亥　官午 ‖ 　(伏卯財)	남편 건강조심, 자식의 관재나 직업, 직장문제로 고심한다. 남편이나 자녀문제. 부부풍파. 이혼문제. 자녀경사. 파직. 관재.
財卯　父辰 ‖	부모나 처첩근심. 문서나 돈으로 인한 걱정. 계약말썽. 이사. 가택불안.

운 세	상하가 상통하고 모두 감응하는 시기로 매사 주위 사람의 도움으로 성공하는 대길운이다. 현재 부진하면 머지 않아 놀라운 발전을 가져오게 될 것이다.
특 성	지성이면 입신출세하고 사물에 현혹되면 모략에 빠져 손실한다. 통신수단 이용이 효과적, 연애, 결혼, 임신, 취직, 스캔들, 통신, 전자, 예술인, 공무원, 수산업, 목욕탕, 문학, 기술업도 길함.

신 상	소 망	가 택	재 수	매 매
귀인니 도우니 길하다	윗사람이 필요로 하니 순조롭다.	길하다	크게 길하다	매입이 길하다

시 세	취 직	입 학	애 정	출 산
거래할 시기이다	번거로우나 길하다	된다	순조롭다. 대릴사위길	생녀안산

실 물	도 적	여 행	가 출	대 인
북쪽이나 서방에 여자집을 찾아라	못 잡는다	길하다	서방의 여자집을 찾아라	연락은 곧 온다

소 송	건 강(질병)		계 절 별
쉽게 해결된다	오래간다, 두통, 가슴, 치통, 혈도, 의약은 서방, 산소나 이장이 잘못됐다.		春吉. 夏平. 秋凶. 冬平.

1월	시작하는 일은 대길하며 의외로 득재하는 운이다.	7월	현재일을 계속해라 변화하면 손해다.
2월	매사 순조로우며 재수도 길운이다.	8월	주변의 도움으로 재물운에 길하다.
3월	심신이 고달프나 주변의 도움으로 헤쳐나간다.	9월	시비구설조심.
4월	시비구설조심. 관액을 당할 수 있 으니 조심하라.	10월	흉한 중에도 헤쳐날 수 있으니 참고 노력하면 나중에는 길하다.
5월	욕심내어도 남 좋은일 만들어 준다.	11월	주변사람과 시비하지마라 피해를 볼 수 있다.
6월	탐욕을 내지말고 마음을 비워라.	12월	주변사람과 관재구설, 시비조심.

二八 택지췌 (澤地萃)	땅위에 연못이 있는 괘
	땅위에 물이 고여 못을 이룬 상으로 사방의 물이 합하여 못으로 모인다는 뜻이다
䷬	한신이 여태후의 의심을 받을 때 점친 괘인데, 결국 여태후의 모략으로 죽음을 당하였다. 이 괘를 득하면 어떤 경쟁을 하고 있다고 본다. 경쟁에서 승리하고 시험합격, 사업번창, 공직자는 승진한다.
兌金宮 六月卦	췌(萃)는 취(聚)와 통하며 모든 것을 부르고 모이게 함을 의미한다. 잉어가 용문에 도달한다. 연못에 물이 모여 초록빛을 띠며 사람이 모여 힘을 합하는 상태다.

父戌　父未 ‖ 身	부모나 존장문제. 자녀 및 처첩근심. 문서계약. 소식. 조상발동.
兄申　兄酉 ｜ 應	형제나 동료문제. 처첩이나 돈근심. 재수없어 이사 가고자 한다.
兄申　孫亥 ｜	자녀나 형제문제. 남편근심. 명예손상. 직장불안.
兄申　財卯 ‖ 命	수입보다 지출이 많이 나는 운이나 음력9월 이후는 운이 풀린다. 파재. 실패. 처액. 실물. 돈걱정.
父辰　官巳 ‖ 世	취관. 송사. 가토매매. 신상변동. 이사. 병난. 도난. 부모근심.
孫子　父未 ‖	자식이나 부동산 등의 문서로 고심하는 운이다. 부모나 자녀근심. 시험. 전직. 퇴직. 이사. 이동. 질병.

운세	현재의 번영은 하늘과 조상의 덕이요 전생의 공덕이다. 승진, 영전, 시험합격, 선거당선 등 운세가 매우강하다. 미래는 축제가 많다. 즉 소란스런 축제를 말한다.
특성	처궁이 흉하다, 남방에서 온 손님이 집에 머물면 사고가 있다. 부동산매매, 건축, 생산업, 경쟁, 회갑, 혼사, 초상, 법률, 정치가, 고관, 무역, 수산, 목욕, 고물상, 에술가, 학교 등에 길함.

신 상	소 망	가 택	재 수	매 매
운이 반복된다	크게 이룬다	화재조심	대길하나 실속은 적다	실패가능성은 있으나 길하다

시 세	취 직	입 학	애 정	출 산
오른다	순조롭다	일류학교 가능	길하니 끌지말 것	생녀순산

실 물	도 적	여 행	가 출	대 인
못 찾는다	잡는다	동반자가 있으면 길하다	서쪽 여인집에 있다.	소식있으나 늦게온다

소 송	건 강(질병)		계 절 별
빨리 해결할 것	배한열, 종기, 타박상, 눈, 밥 먹을 때 배아프다 의약 서남		春吉. 夏吉. 秋平. 冬平.

1월	도모하는 일은 순조롭게 잘 되나, 관재를 조심하라.	7월	지체되는 운이나 나중에는 잘 풀린다.
2월	가정이 곤고하고 질병을 조심하라.	8월	마음에 번민이 많고 주변사람으로 인 해 상실할 수 있다.
3월	문서에 길하며 주변사람과 원만해 야 일이 잘 풀린다.	9월	점차로 운이 회복된다. 문서(토지)로 인해 득이 있다.
4월	재물은 북방에서 구하고 대외적으 로는 도움을 받는 운이다.	10월	무역이나 수산물업은 재수가 길하다.
5월	올바르게 행하면 모든게 나에게 이익이 된다.	11월	무리하지 않으면 좋은 운이다.
6월	경거망동하거나 독단으로 행하면 손해나 실패한다.	12월	시비구설과 관재를 조심해라. 문서문제로 고심한다.

三一 화천대유 (火天大有)	중천에 떠있는 태양이 만물을 비치는 괘 안으로 강건하고 밖으로는 문명의 상으로 만물을 비추는 상이다.
☲ ☰	전국시대 趙왕의 사신 린상여(藺相如)가 진나라에 조벽(趙璧)이란 옥을 반환 받으러 갈 때 점을 친 괘인데, 린상여는 진왕에게 옥에 흠이 있다고 속여 되돌려 받아왔다. 이괘를 얻으면 현재 도래한 좋은 기회를 놓지지 말아야 한다.
乾金宮 正月卦	대유(大有)는 한낮의 중천에 떠있는 태양을 말한다. 하늘(乾)의 태양(離)이 그 기세가 너무도 당당한 형상이다.

父戌　官巳 | 應	남편이나 존장문제. 부동산매매. 송사. 소식. 부모근심. 조상산소 발동.
兄申　父未 || 　　　　身	존장이나 동기간 문제. 부동산매매. 부부불화. 자녀우환. 손해. 구설.
父戌　兄酉 |	동기간이나 존장문제. 손재구설. 처액. 부동산계약. 이사문제. 돈걱정.
父丑　父辰 | 世	문서가 불리. 부모나 자녀근심. 신상변동. 이사문제.
父丑　財寅 | 　　　　命	처첩이나 부모근심. 문서로 인한 돈근심. 처로인한 화액. 가택불안. 이사걱정.
父丑　孫子 |	자녀 및 산아근심. 가토매매. 이사걱정. 손재. 병난. 삼각관계.

운세	모든 것이 내편이니 공명정대한 덕으로 일을 행하면 거리낌이 없다. 왕성한 운이 왔으니 기회를 놓치지 말고 분발하면 길하다.
특성	여성은 남자들을 지휘하는 여걸격으로 모든사람의 흠모를 받으며 역량을 발휘할 수 있다. 여성이 주권을 행사, 친적이나 동료 이성에 대한고민, 윤락, 삼각관계, 사기, 도난, 직업변동, 해외진출, 이사, 출간, 손재, 입시, 무엇인가 하고자 한다.

신 상	소 망	가 택	재 수	매 매
만사형통	성취된다	2인이 동거하면 길하다	지출이 많다	파는 것이 길하다

시 세	취 직	입 학	애 정	출 산
곧 오른다	된다	일류학교가 길하다	늦게 이루어진다	유산우려

실 물	도 적	여 행	가 출	대 인
못 찾는다	못 잡는다	고생한다	늦게 온다	늦어지나 부르면 온다

소 송	건 강(질병)		계 절 별
승소	중태, 고열, 심장, 가슴, 눈병, 굿이나 기도 잘못, 물건 잘못 사왔다		春吉. 夏平. 秋凶. 冬吉.

1월	귀인을 만나 만사형통이다. 가정에 서기가 돈다.	7월	처음은 어려우나 나중에는 귀인이 도우는 길운이다. 저의 질병조심.
2월	고진감래라 재수가 형통한다.	8월	매사 성취되고 신상에도 길하다. 부부간 조심. 시비구설조심.
3월	생활에는 여유가 있고 매사 순조롭게 진행된다.	9월	매사지체되는 운이니 근신하라.
4월	매사 근신하라 손재가 우려된다.	10월	흉이 길로 변하여 기쁜 일이 있다.
5월	바르게 행하면 반드시 이루어 진다.	11월	이름나고 재물운도 길하다. 가내평안.
6월	매사 신중하게 대처하라. 문서나 돈, 처 때문에 애로가 있다.	12월	모든 일이 순조롭고 가정도 화목하다.

三二 화택규 (火澤暌)	연못위에 불이 타오르는 괘 불은 위로 향하고 못의 물은 아래로 고여 있어 서로 어긋나게 나아가는 상이다.
䷥	칙천무후의 병점인데 그 원인이 요정요괴(妖精妖怪)에 씌었다 고 생각하였는데 상고(尙賈)라는 명의가 완치토록 하였다. 이 괘를 얻으면 심한 내부(내면)적인 갈등에 처해있다고 볼 수 있다 (가족끼리나 동업자나 동료는 동상이몽이다)
艮土宮 二月卦	규(暌)는 배반, 반목, 등을 돌린다는 뜻이다. 위의 불은 위로 올라가는데 아래의 연못의 물은 정반대로 향하여 있다.
兄戌　父巳 |	신경쇠약이나 우울증을 조심, 마음안정이 최우선이다. 부모근심. 문서계약근심. 손재. 처첩근심.
孫申　兄未 || (伏子財)	동료 및 수하로 인한 문제. 사업시작 관련 건. 손재. 처첩근심.
兄戌　孫酉 | 世 　　　　　　 身	자녀나 형제문제. 신상변동. 동업관계. 남편근심. 퇴직. 이사근심.
兄辰　兄丑 ||	형제 등 동기간으로 인해 돈 걱정, 빚이 늘어날 수 있어 욕심은 금물이니 마음을 비워야 한다. 형제문제. 실물. 병환. 가정풍파. 이사. 이전. 자녀근심.
官寅　官卯 |	직업이나 직장의 변동수가 있다. 남편근심. 병난. 도난. 가택불안. 이사반복. 친교간 불화.
官寅　父巳 | 應 　　　　　　 命	문서로 인한 관재구설을 조심해야 한다. 부모나 남편문제. 공명. 관재. 송사. 시험. 이사. 자녀근심.

운세	며느리와 시어머니가 동거하면서도 서로 뜻이 다르다. 서로의 협력이 어려운 때이다. 서로 반목하고 다툼이 있을 때이다. 공연히 남을 의심하고 시기질투하니 언행에 조심하지 않으면 다툼이나 싸움으로 상해를 입기 쉽다.
특성	가족과 친척여인들의 반목으로 가세가 기운다. 부부반목으로 이혼기미. 근친간 불륜, 2녀동거, 두여인의 분쟁으로 대사를 망침, 사기, 도난, 상해, 관재구설, 파산, 계약취소, 여자가출, 접객업, 일수놀이, 계주, 혼인, 신규사업, 동업, 기밀누설, 음녀.

신 상	소 망	가 택	재 수	매 매
운세가 기울어 간다	방해가 있어 못 이룬다	이성동거 불화, 담붕괴, 이사길	적자	시세를 기다릴 것

시 세	취 직	입 학	애 정	출 산
급등하나 오래안간다	장애가 있어 빨리 안된다	예술계는 된다	불길, 성혼되어도 파탄	생녀

실 물	도 적	여 행	가 출	대 인
늦으면 못 찾음	도둑맞을 우려	중도장애로 파재	멀리갔다, 소식온다.	소식이 없다

소 송	건 강(질병)		계 절 별
화해가 길하다	오래간다, 심장, 폐, 머리, 고열, 눈병, 의약 서남, 부모재앙, 뜬구름, 잡신이 동했다.		春吉. 夏凶. 秋平. 冬凶.

1월	기지가 발동하니 가정에 우환있다. 관재, 질병조심.	7월	서서히 재물운이 열리니 서둘지마라.
2월	매사 순리에 따라야 한다. 열심히 뛰면 재물운은 길하다.	8월	주변의 도움이 있고 노력하면 이루어 진다.
3월	주색을 탐하지 마라 손재수있다.	9월	이사는 불길하다. 시비, 관재구설조심.
4월	되는 일이 없다. 근신하고 정성껏 기도하라.	10월	돈이 보이나 노력보다는 결과는 미흡 하다. 욕심은 금물이다.
5월	횡액수가 있으니 특히 동방을 조심 하라.	11월	약간은 길운이나 신경쓰이는 일이 많 다. 자식근심.
6월	심신이 피로하다. 여행하면 질병을 얻는다.	12월	경거망동조심. 마음안정이 최길이다.

三 三 이위화 (離爲火)	불이 겹쳐 타오르는 괘 안팎으로 문명의 덕이 있고 한낮에 온 사방을 비추어 만물을 기르는 상이다.
☲☲	이 괘는 주고신(朱賈臣)의 신수점인데 집안이 너무 가난했는데 학문에만 열중하여 집안일은 등한시 하여 처가 도망가 버렸다. 이 괘를 득하면 자신의 능력을 최대한 발휘하여 태양처럼 군림할 시기가 되었다. 그러나 경솔하거나 고집으로 독주하면 안된다.
離火宮 四月卦	이(離)는 불, 즉 태양으로 밝음이요 지성(知性)이다. 위에서는 밝은 빛이 비춰주고 밑에서는 만물을 길러주는 형상이다. 불이 활활 타오르니 정열이 흘러넘침을 의미한다.

孫戌　兄巳│世 　　　身	건강이상이나, 관재수가 있고, 손재수가 있다. 형제근심. 자녀문제. 심신불안. 신병. 손재. 부부불화. 교제근심.
財申　孫未││	혼담이나 혼담과 관련된 상담이 있을 수 있다. 자녀나 처첩문제. 연애, 혼담. 삼각관계. 남편근심. 이사.
孫戌　財酉│	밖으로는 도난을 조심하고 집안에는 근심이 있다. 처첩 또는 자녀문제. 연애. 혼사. 가출. 도난. 금전문제.
孫辰　官亥│應 　　　命	평상시 대로 해야 한다. 새로운 일은 금물이다. 남편재앙. 산아근심. 파직. 관재. 투송. 도난. 심란.
父寅　孫丑││	변화하면 결과로 인해 고통이니 성실히 현상황에 임하라. 자녀재액. 수하근심. 부동산매매. 이사문제.
孫辰　父卯│	매사 안정하여야 하고 성급하면 파멸이다. 부모나 자녀문제. 가택불안. 부동산매매. 이사문제.

운세	항상 마음이 동하여 안정되지 못하고 초심을 잃고 소임을 망각하여 날뛰는 상태다. 매사 허식적이고 화려함에 치우치는 경향이 강하니 은인자중 노력하면 크게 길하다.
특성	갈팡질팡, 불장난, 비밀탄로, 구설, 산재, 도난, 화재, 여난, 이별, 형액, 문서(보증서지 말것), 사고, 친구조심, 교육자, 예술가, 위험물, 운동선수.

신 상	소 망	가 택	재 수	매 매
선흉 후길 , 극처.	귀인의 도움으로 이루어진다	도적, 화재조심	약간 길하다	점차 올라간다

시 세	취 직	입 학	애 정	출 산
올라간다	빨리안된다	재수해라	불성	생녀순산 혹 쌍둥이

실 물	도 적	여 행	가 출	대 인
여인에게 물어볼 것	잡는다	무방	남쪽으로 멀리 갔다. 소식온다.	소식있고 온다.

소 송	건 강(질병)		계 절 별
오래끌고 불리	심장, 뇌, 한열, 설사, 의약 남방 기도부정.		春凶. 夏吉. 秋平. 冬凶.

1월	인정에 끌리면 매사불리하다. 타인의 말을 믿지마라.	7월	생각지도 않은 일이 이루어지고 여건이 성숙된다.
2월	송사사건은 대패한다.	8월	상하가 태평하고 심신이 편안하다.
3월	흉운이니 매사 조심하라. 질병조심.	9월	경거망동은 금물이다. 돈나가고 건강 상한다.
4월	모든 일이 복잡하다. 친구의 도움이 있다.	10월	운은 좋으나 어려운 일 봉착. 자식근심.
5월	사회활동은 길하나 들어와도 나가기 바쁘다.	11월	관청일에 득이 있고 재수운이 아주 길하다.
6월	관직자는 뇌물조심. 서서히 운이 튼다.	12월	재수대길의 운이다.

三四 화뢰서합 (火雷噬嗑)	위에는 태양이 있고 아래에 우뢰치고 번개가 번쩍이는 괘 상효는 윗턱, 초효는 아래턱, 4효는 음식물 이다. 깨물어 씹을**합**이며, 음식물을 입안에 넣어 씹는 상이다.
䷔	이 괘는 蘇秦이 六國의 화친을 제창하고 다닐 때 신수점이다. 후일 소진은 육국의 승상이 되었다. 이 괘를 득하면 운세가 매우 강한 때이므로 어떤 장애가 있어도 굳세게 밀고 나가면 목적을 달성할 수 있다.
巽木宮 九月卦	서합(噬嗑)은 꽉문다, 씹는다, 방해물을 씹어 없앤다는 뜻이다. 굳은 것을 씹는 것이니 아래윗니가 합하여야 함을 의미한다.

財戌　孫巳 |	자녀근심. 처첩문제. 연애. 혼담. 득재. 주거이동. 놀람. 구설수.
官申　財未 || 世 命	취관. 신상변동. 남녀이별. 처첩근심. 부모, 처, 친척근심. 효복.
財戌　官酉 |	형제근심. 남편바람. 처첩 및 돈근심. 병난. 부동산매매. 관직자는 영전이나 진급.
父亥　財辰 ||	가옥신축이나 새로운 집의 계약 등으로 고심한다. 처첩이나 부모근심. 문서관계 돈근심. 이사문제로 걱정.
兄卯　兄寅 || 應 身	진퇴양난이다. 움직일수록 더 힘만 소모한다. 형제나 동료문제. 처첩 및 돈근심. 손재실물. 가택불안. 취직.
財未　父子 |	변화 할려고 하나 하던 일을 중단없이 추진하면 길하다. 부모나 처첩근심. 문서관계말썽. 돈걱정. 이사나 이전으로 인한 근심.

운 세	고뇌에서 환희로의 전환기에 저항이 많을 때이다. 모든 일에 방해로 결말을 짓지 못하니 철저히 결말지어 처리해야 한다. 사리사욕에 급급하여 약육강식의 치열한 생존경쟁이 벌어지니 조급하지 말고 굳건히 추진하면 나중에는 성공한다.
특 성	관재구설, 형액, 문서수표, 어음계약, 부동산매매, 이혼, 가정불화, 부정한 여성, 방해자, 삼각관계, 법률관계 종사자, 증권, 고시.입학합격.

신 상	소 망	가 택	재 수	매 매
길운이고 명성에 길	주변의 방해로 급히는 안된다	화재조심	길하다	때를 기다렸다 매매를 하라

시 세	취 직	입 학	애 정	출 산
차츰 오른다	어렵다	경쟁이 심해 어렵다	어렵다	생남순산

실 물	도 적	여 행	가 출	대 인
물건사이나 남쪽물가를 보라	잡는다	무방. 다툼조심	동행자와 멀리갔다	바로 오지 않는다

소 송	건 강(질병)		계 절 별
오래끌고 승소 하나 무익하다	오래간다. 각기, 한열, 머리, 가슴, 배, 척후, 각기, 생리불순, 의약 남방, 조상천신에 죄, 동토잡신		春凶. 夏吉. 秋凶. 冬凶.

1월	근심으로 마음이 안정되질 않고, 재수가 불리하다.	7월	상가집 가지마라.
2월	하는 일이 바쁘기만 하고 소득이 없다.	8월	여자 조심하라 손재수 있다.
3월	상하가 불화하며 구설이나 시비조 심.	9월	길한중에도 돈 지출이 심하다.
4월	건강이나 명리에 불길하다.	10월	도모사는 성취되고 재수운이 길하다.
5월	운이 풀리는 길운이다. 재수에 길 하다.	11월	윗사람이나 문서조심. 마음을 비우는 것이 최길이다.
6월	가정이나 사업으로 매우 융창한 운이다.	12월	현재의 일만 계속하면 무사태평하다.

三五 화풍정 (火風鼎)	나무에 불이 타오르는 괘 아래의 바람이 위의 불을 지피는 상이다. 나무에 불을 지펴 음식물을 끓이는 상이다
䷱	秦나라 昭裏王이 점친괘인데 夏의 우왕때 구정(九鼎)을 만들어 왕위의 宝器로 삼았고 은왕조를 거쳐 周나라에서 소리왕이 빼앗았는 데 덕이 없어 그 중 하나가 멀리 泗水湖에 빠졌다고 한다. 이 괘를 득하면 상호 화합하여 합심협력하게 된다(혼인, 동업에 길)
離火宮 十二月卦	정(鼎)은 세발달린 무쇠 솥으로 크게 뻗어 발전함을 뜻하며 세발은 3인이 받드니 안전을 의미한다. 나무에 불이 붙어 타오르는 형상이다.

孫戌　兄巳❙ 　　　　　身	형제나 주변사람에게 피해를 당하기 쉽다, 조상이 발동하니 조상을 위해 기도하면 도와준다. 형제근심. 교제 혼담. 사업관계. 이사문제.
財申　孫未❙❙應	자식이 돈과 여자와 관련된 문제로 골치아프다. 자녀나 처첩문제. 연애. 혼담. 남편근심. 돈걱정. 마음심란.
孫戌　財酉❙	재수대길한 운으로 사업 등이 잘된다. 자녀나 처첩문제. 연애. 혼담. 취관. 득재.
兄午　財酉❙ 　　　　　命	파재. 실물. 처액. 가족불화. 쟁투. 신체장애. 수술. 해외 진출건.
兄午　官亥❙世	가택이 불안. 형제간에 불목. 구설. 병난. 도난. 쟁투. 관재사고. 이사근심.
官子　孫丑❙❙ 　　(伏卯父)	자식으로 인한 관재 등으로 문서가 떠내려 간다. 자녀근심. 산고. 관재구설. 남편근심. 엄부지명. 악질. 유산.

운세	세발은 안전이고 협력을 상징하며 솥은 먹는 것을 익히는 것이니 기반, 재력, 실력으로 안전감과 충실함이 있을 때 헌 것을 버리고 새 것으로 사물을 고쳐 새롭게 하는게 길하다.
특성	내부적인 변화로서 신규사업이나 계획, 거래처 변경 등은 성공하며 3인이 동업하면 길하다. 삼각관계, 2녀 동거, 2번째 부인, 바람, 임신, 비밀애인, 형제동거는 불화, 위장, 간장, 혈압, 문서나 형액조심, 변동, 3수와 인연, 공동사업, 이사, 자선사업, 부동산매매, 건축수리, 취직, 승진, 결혼, 고시합격, 철물, 식육.

신 상	소 망	가 택	재 수	매 매
사업성공	이루어지나 목적과는 다를수	화재조심 도난, 관재	산재가 많다	잘된다

시 세	취 직	입 학	애 정	출 산
보합	길하다	길하다	성혼 삼각관계 조심	초산은 아들, 그 외는 딸

실 물	도 적	여 행	가 출	대 인
서쪽에서 찾는다	못 잡는다	도중에 집에 사고 있을 수	남방으로 멀리갔다	소식온다

소 송	건 강(질병)		계 절 별
중재자를 넣어면 길	열병, 두통, 심장, 중풍, 각기, 열병 여자들이 아프고 죽는다.		春吉. 夏凶. 秋凶. 冬平.

1월	문서운이 있으나 썩 좋은 운이 아니다.	7월	매사 순조롭고 재물운도 길하다.
2월	새로운 일이나 자식과 관련된 일이 있다.	8월	운은 있으나 시비구설을 조심해야한다.
3월	돈, 처 때문에 근심이다. 운은 좋다.	9월	아랫사람으로 인해 피해를 볼 수 있다. 너무 믿지마라. 관재조심.
4월	구설조심. 손재수 있으니 욕심내어 일을 벌리지 마라.	10월	다른일 하면 손해본다. 운은 좋다.
5월	현재 일을 열심히 하고 욕심내면 내는 만큼 손해다.	11월	북쪽에서 피해를 본다. 구설이나 질병 조심, 신경성, 주색조심.
6월	심신이 피로하다. 선곤후길이다.	12월	마음을 비우면 재수는 대길하다.

三 六 회수미제 (火水未濟)	물위에 불이 타는 괘 불은 위로 물은 아래로 향하니 서로 사귀지 못하는 상이다. 효의 위치가 부정으로 미제(未濟)에 해당한다.
☲ ☵	孔子께서 9개의 구슬에 구멍을 뚫으려고 점친 괘인데, 여인에게 배워서 뚫었다고 한다. 이 괘를 득하면 때가 올때까지 무리하지 말고 기다려야 한다.
離火宮 七月卦	미제는(제는 건널, 구제할, 건질제다) 물위에 불이 있으니 사물을 성취하지 못함을 의미하며, 몹시 고통스럽고 일들이 쌓인다.

孫戌　兄巳ㅣ應	주변 사람과 마음이 상통한 듯 하나 결국은 손해본다. 형제나 자녀근심. 손재. 사업문제. 여난.
財申　孫未ㅣㅣ	욕심을 부리지 말고 현 상태로 나가야 손해가 없다. 자녀나 처첩문제. 동업 및 교제근심. 연애. 혼사. 득재.
孫戌　　財酉ㅣ 命	처첩이나 수하문제. 연애. 혼사. 돈관계. 부모나 문서로 인한 근심.
財酉　兄午ㅣㅣ世 (伏亥官)	동기간 이나 처첩문제로 근심. 돈걱정. 남편근심. 취직고민. 실물.
兄巳　孫辰ㅣ	자녀로 인한 경사가 있다. 형제문제. 남편근심. 명예손상. 이사문제. 구설. 송사.
兄巳　父寅ㅣㅣ 身	부모건강조심, 7월에 문서로 인한 관재조심 부모근심. 형제문제. 문서관계. 이전. 이사. 자녀근심. 여난.

운세	저력은 있으나 형태가 없이 지금부터 희망을 갖고 출발을 시도할 때다. 아직 모든 여건이 미성숙하니 서둘지 말고 순리에 따라야 성공한다. 큰 계획의 준비는 길하다. 여성은 기쁜일, 사소한 건으로 약점잡힌다.
특성	실력부족, 준비중, 이동, 변업, 실직, 부채, 이사고심, 3이나 5인 동업, 고관, 외교, 무역, 해양은 길하다, 밀수, 범죄는 흉하다.

신 상	소 망	가 택	재 수	매 매
쇠운이다	늦게 성취	이사가 길	지출이 많다	파는 것이 길

시 세	취 직	입 학	애 정	출 산
부동상태에서 오른다	어려우니 윗분의 도움을 받아라	다음기회로	선난후길 의처나 의부증	생녀순산

실 물	도 적	여 행	가 출	대 인
못 찾는다	잡는다	안하는 것이 길하다	멀리 가려고 한다	오지 않는다

소 송	건 강(질병)		계 절 별
불리하니 화해하라	차츰 치유된다. 심장, 신경통, 유행병, 한열.	잡신, 부정, 기도 잘못했다.	春平. 夏平. 秋凶. 冬吉.

1월	금전적으로 힘들고 도모사는 여의치 못하다.	7월	가정은 화목하고 사회활동도 화합안정된다.
2월	자손은 영귀히 되고 문서와 관련된 일이나 손재수가 염려된다.	8월	재수형통하고 재물도 조금씩 늘어난다.
3월	신상에 액이 있고 주변사람을 조심하라.	9월	새로운 자리를 마련할 수 있으며, 혼인에는 길하다.
4월	여자는 신중히 처신하고 남쪽사람과 구설조심.	10월	매사 뜻대로 이루어 지고 재수도 길하다.
5월	구설조심. 가정은 화목하고 어려운 중에도 기쁨은 있다.	11월	재앙은 소멸되고 태평하다. 심장질환을 조심해야 한다.
6월	북방에 도모하는 일은 신중을 기하라.	12월	동쪽이 길하고 주변도움이 있다. 약간의 시비구설조심.

三 七 화산여 (火山旅)	산위에 불이 이산 저산으로 옮겨 붙는 괘 정처없이 떠도는 나그네와 같이 산등성이의 불이 이리저리 옮겨 타는 형상이다.
䷷	陳의 後主 張麗華를 맞이할 때 점친괘인데, 後主는 長城公이라하여 휘(諱)를 叔宝라 했다. 이 괘를 득하면 공연히 외롭고 불안한 감정에 휩싸여 마음안정이 안되는 시기이다.
離火宮 五月卦	여(旅)는 여행하는 고독한 나그네다. 산위에 타오르는 불이다. 서산에 해지면 나그네는 거처할 숙소를 구해야 한다. 불안하고 고통스럽다.

孫戌　兄巳 |	화재조심, 항상 겸손해야 하며 교만하면 재앙을 당한다. 형제나 동료근심. 자녀문제. 처의 가출. 안질.
財申　孫未 || 　　　　身	소자본으로 큰이익을 얻는 길한 운이니 철저한 관리필요, 수하나 여자문제. 교제. 혼담. 돈문제. 득재. 경영관계.
孫戌　財酉 |應	현재에 만족하고 욕심부리면 9월에는 부도난다. 수하나 여자문제. 교제. 혼담. 사업이나 돈문제.
父卯　財申 | 　(伏亥官)	처첩이나 부모근심. 부동산매매. 돈근심. 문서관계. 관재. 실물.
官亥　兄午 ||命	화재조심, 종업원조심, 급한 성격과 교만함을 버려라. 형제나 남편근심. 손재구설. 직장문제. 이사문제.
父卯　孫辰 ||世 　(伏卯父)	자금이 부족하니 무리하지 말고 항상 겸손과 관용을 베풀어야 한다 자녀나 부모근심. 퇴직. 이동. 이사. 부동산, 차량, 문서관계.

운세	만사 불여의하고 심신이 불안할 때이다. 현재까지의 좋은 운이 끝나고, 지금부터는 태산을 넘어야 하니 고통이 앞을 가로 막는다. 언제나 쫓기는 것 같은 불안과 초조에 사로 잡히고 마음이 쓸쓸하고 허전하다.
특성	학문연구나 유학, 여행의 목적인 점에는 길하다. 실패, 곤궁, 불화, 거주번뇌, 이사 이동, 가출, 외근직, 문인, 예술인, 고승, 순례자, 교통사고, 문서사건, 약물중독, 화재, 조난, 지진, 폭발, 도망자, 범죄자, 윤락여성, 걸인, 운수업.

신 상	소 망	가 택	재 수	매 매
보통	어렵다	이사 자주한다	돈은 들어오나 지출이 많다	불리

시 세	취 직	입 학	애 정	출 산
올랐다가 내려간다	길하다	길하다	성혼되나 이별징조	생녀

실 물	도 적	여 행	가 출	대 인
찾기 어렵다		길하다	자주옮겨 찾기 어렵다	늦어지나 온다

소 송	건 강(질병)		계 절 별
인장, 문서건 화해가 길	좋아지다가 중태, 간장, 심장, 중풍, 각기, 유행성, 조상묘 앞에 일이 있다. 묘관계. 임질.		春吉. 夏凶. 秋凶. 冬凶.

1월	운이 거꾸로 가니 매사불성이다.	7월	동남방에 경영이 길하고 재수있다.
2월	어려운 중에도 길한 일이 있다. 소원이 성취된다.	8월	재물로 인한 문제발생. 기관지, 대장조심. 수술수.
3월	믿는 사람에게 손해를 본다.	9월	변동하고자하나 신중을 기하면 운은 좋다.
4월	모든게 자신 있으나 관재나 손재수 조심.	10월	직업, 직장으로 신경성이 온다. 마음을 안정하라.
5월	매사 신중하라 지출이 는다. 부채가 늘어날 수도 있다.	11월	주변사람으로 인한 근심. 금전적으로 근심.
6월	즐거운 중에도 신경쓸 일이 많다.	12월	새로운일의 시작은 곧 실패다.

三八 화지진 (火地晉)	태양이 땅위에 솟아 오르는 괘 안으로 유순하고 밖으로는 밝은 덕이 있으니 유순한 덕을 쌓으면 밝은 덕이 더욱 빛이나 점점발전하여 나아가는 형상이다.
䷢	馬周라는 사람이 신수를 점쳐 얻은 괘인데 마주는 지모가 뛰어 나고 정직하여 후일에 승상의 지위에 올랐다. 이 괘를 득하면 개인적, 또는 사회적으로 바쁘게 활동하는 시기이다. 개인은 지위가 상승하고 사업자는 날로 번창한다.
乾金宮 二月卦	진(晉)은 나아갈 진이다. 이(離)는 태양, 곤(坤)은 땅이니 태양이 대지 위에 솟아 오르는 희망의 아침이다. 용맹스런 장군이 깃발을 나부끼며 당당한 기세로 출전하는 형상이다.

父戌　官巳		직장과 남편으로 인한 신경성, 급한성격 버리고 마음안정하라. 남편근심. 존장문제. 남편가출. 부동산매매. 시험. 송사. 소식.
兄申　父未 ||	욕심을 버리면 이익이 있고 결국에는 성공한다. 존장이나 동료문제. 부동산 및 문서관계. 송사. 구설. 돈근심.
父戌　兄酉 |世 身	지나친 탐욕으로 재난을 초래하니 무리하게 추진하면 안된다. 형제나 부모문제. 신상변동. 처첩근심. 애정고민. 손재. 주거이동.
兄申　財卯 ||	빚쟁이가 문앞에 와 있으니 심신이 괴로워도 매사 근신해야 한다. 처액. 형제문제. 실물. 파재. 관재구설. 벌금.
父辰　官巳 ||	남편, 자신의 실직이나 사업이 부도 직전이다. 부모문제. 부동산매매. 문서관계. 관송. 도난. 병난.　소식.
孫子　父未 ||應 (伏子孫)　命	주변 여건이 여의치 않으니 때를 기다려야 한다. 부모근심. 자녀액. 가내우환. 손재. 언쟁. 가택불안. 소식.

운 세	입신공명하는 시기이며 상대가 있으면 선수를 쳐야 길하고, 새로이 추진하는 일은 절호의 찬스니 장애가 있어도 굳건히 밀고 나가면 성공한다.
특 성	모든 일이 착수가 잘된다. 신규계획추진, 회후, 애인상봉, 연인승락, 결혼길, 애인변심, 이혼생각, 해외진출, 이사, 출입빈번, 연전연승, 문인, 매사형통, 충동, 보좌관, 외교관, 법관, 군인, 경찰, 교수, 음악가.

신 상	소 망	가 택	재 수	매 매
대길	성취	문부서진 것 고쳐라	지출이 많으나 더많이 득재	빨리 팔면 유리하다

시 세	취 직	입 학	애 정	출 산
올라간다	서두르면 된다	된다	길연이다	생남

실 물	도 적	여 행	가 출	대 인
동남에서 찾아봐라	동남에 있다	길하다	멀리갔으나 소식온다	기쁜소식 갖고온다

소 송	건 강(질병)		계 절 별
선소하면 빨리 해결된다	속히 낫는다. 심장, 신경, 안질. 혈광사한 사람있다, 공줄 끊어진다.		春吉. 夏平. 秋凶. 冬吉.

1월	공명을 만방에 떨치는 길운이다.	7월	우연히 구설에 휘말릴 수 있다.
2월	귀인이 도와 하는 일마다 성공하는 재수대통이다.	8월	심신이 산란하고 불의의 액이 있을 수 있으니 조심하라.
3월	바깥의 활동은 큰 이익을 준다.	9월	상가집 가지마라. 남을 도와주다 피해를 당할 수 있다.
4월	상가집 가면 몸이 아프다. 직장이나 남편문제.	10월	주변사람으로 피해를 보거나 아랫사람으로 손재수다.
5월	모든 일이 순조롭게 이루어 진다.	11월	흉운 중에도 횡재운은 있다. 신경성과 자식으로 근심.
6월	서방은 불리하다. 토지나 문서와 관련된 일이 있다.	12월	우연한 도움으로 의외의 성공을 할 수 있는 운이다.

四 一 뇌천대장 (雷天大壯)	우레가 하늘에서 진동하는 괘 상괘는 장남이고 하괘는 노부가 있으니 안으로는 강건하고 밖으로는 씩씩하게 크게 움직이는 상이다.
☳ ☰	唐나라 玄宗이 신수를 점친 괘인데 안록산의 난으로 피신했다가 후일 무사히 귀국을 하였다. 이 괘를 득하면 사업을 추진할 시기가 되었다고 할 수 있다.
坤土宮 二月卦	대장은 굳셀장으로 싸움의 헛됨을 뜻하며 큰 것이 성장하면 끝에는 성장이 그침을 의미하고 있다. 왕성한 양의 기운이 아래에서 위의 음을 쇠하게 하는 형상으로 그 기세가 당당하지만 우뢰소리만 요란하지 비가 오지 않아 실속이 없는 시기이다.

父巳 兄戌			힘들어도 분수를 지키고 차근차근 계획하면 길하게 된다 동료나 존장문제. 부동산이나 문서관계. 손재. 처액.
孫酉 孫申			신중하게 대처하면 여름 부터는 매사 순항이다. 자녀나 수하문제. 연애 삼각관계 남편근심, 직장 및 가택 불안
兄丑 父午	世 命	지천태로 바뀌는 자리라 올바르게 처신하면 길함이 배가된다. 부모나 동기문제. 신상변동. 문서관계. 자녀근심
兄丑 兄辰		앞서 나가지 않으면 모든 근심이 사라진다. 형제문제나 직장변동관계, 관송 형액, 돈근심
兄丑 官寅		형제나 동료로 인해 명예손상이 우려되니 매사 조심하라. 남편 문제. 형제근심 언쟁 송사. 이사문제
兄丑 財子	應 身	남의 말을 믿지말고 성급한 행동은 피해만 입게 된다. 처첩근심, 형제문제, 손재구설. 이전문제. 여자관계 근심

운세	겉으론 대단한 것 같으나 속빈 강정이다. 현상유지는 할 수 있다. 급진적으로 행하면 파탄이요 절도있게 신중이 천천히 행하면 길하다.

특성	좋을 듯 하면서도 실익이 없다. 주택 매입이나 신축, 주택가 소음, 여성은 왕성한 활동가이나 부부불화, 수술수, 교통사고, 익사, 화재, 시비구설, 관재, 가출, 하극상, 국회의원, 공무원, 군인, 운동가, 가수, 전쟁, 비행기, 토목공사, 전기, 철도.

신 상	소 망	가 택	재 수	매 매
발전	성취	불안, 화재조심, 이사가 길함	외부적으로 실패가 많다	오르니 팔 때를 기다려라

시 세	취 직	입 학	애 정	출 산
강세	서두르면 된다	하향지원하면 된다	중매자가 속인다	생남

실 물	도 적	여 행	가 출	대 인
못 찾음	못 잡음	약간의 장애	멀리간다	동행인이 있으면 빨리온다

소 송	건 강(질병)	계 절 별
흉하니 화해가 길	가슴, 배, 수종, 폐, 뇌, 경련, 짐승 잘못잡아 독올랐다. 고기 잘못 먹어 탈난다.	春凶. 夏平. 秋凶. 冬凶.

1월	새로운 일은 불리하다.	7월	주변에서 도와주는 운으로 일이 순조롭게 잘 풀린다.
2월	재수는 있으나 가정에 약간의 어려움이 있다.	8월	모든 일이 순조롭게 이루어 진다.
3월	서남 양방으로 활동하나 이익은 별로다.	9월	자신있게 추진하면 끝내는 재수가 있다.
4월	친한 사람에게 피해볼 수 있다. 문서와 관련된 관재수.	10월	너무 욕심내지 마라 소득은 별로다.
5월	약간의 우환은 있으나 결국은 좋아진다.	11월	물가조심. 북방을 조심하라. 욕심이 나는 운이나 재수는 별로다.
6월	직장. 직업으로 신경쓸 일이나 금전적으로 고통이 있다.	12월	주변사람 조심, 무리한 투자 하지마라. 손재, 처의 건강조심.

四二 뇌택귀매 (雷澤歸妹)	연못위에 천둥이 치는 괘 안으로는 기쁘하고 밖으로는 활발이 움직이는 괘로, 소녀가 장남을 쫓아 시집오는 상이다.(서에서 동쪽에 시집온다)
䷵	君子는 이 괘상을 보고 한 때의 감정이 영원한 수치를 초래한다는 것을 깨닫고 영원히 바른 길을 택한다. 이 괘를 득하면 감정에 사로잡혀 일을 그러치는 경술함이 없도록 해야한다.
兌金宮 七月卦	귀매(歸妹)는 돌아갈귀, 아래누이 매이며, 부정한 연애, 즉 젊은 소녀 (澤)가 나이 많은 남자(雷)에게 접근하고 있는 상이다. 음효가 양효를 누르니 남자가 접근하면 여자는 기뻐한다. 여자면 정부와 열애중이다.

官巳 父戌 || 應	직업변동건으로 고심. 남편문제로 골치 아픈일 있다. 문서 및 부동산문제. 취직, 시험, 송사문제
兄酉 兄申 || 命	과욕을 부리면 손재나 관재를 당한다. 형제 및 동료문제. 손재 처액 취직문제, 양자, 분가, 이사문제
父丑 官午 | (伏亥孫)	남편이나 직장, 부모, 존장문제로 신경쓸 일이 있다. 부동산매매 송사, 자녀 및 형제로 인한 근심있다.
父辰 父丑 ||世	부모문제. 문서계약 이사문제, 신상변동, 송사, 소식, 자녀근심
財寅 財卯 | 身	움직일려고 하나 처나 자금 때문에 포기한다. 처첩이나 돈문제. 남녀관계 불륜 통정. 이사문제
財寅 官巳		남편이나 처첩문제. 돈 또는 여자문제. 형제근심. 관재구설, 직장인은 승진이나 영전, 결혼

운세	즐거운 듯 하나 잘못된 출발로 고통과 피해가 많으며 안정이 안된다. 복잡한 일이 생기고 노력해도 결실이 없다. 애인의 도움으로 어려운 일이 많이 해결된다. 처가살이나 처덕이 있다.
특성	여자로 인해 사고 생긴다. 부정한 연애, 정사, 부부불화, 이별, 간통, 재혼, 사기, 도박, 위약, 구설, 사기결혼, 신체손상, 수족절단, 화류계, 병자는 사망, 일수놀이, 임시직, 아르바이트, 보험, 증권, 성병, 눈코입병.

신 상	소 망	가 택	재 수	매 매
잠시 흥하나 결국 쇄해진다	방해로 오래걸린다	불길	금전고통	서둘면 손해다
시 세	취 직	입 학	애 정	출 산
약세보합	서두르면 안된다	하향지원	초혼흉 재혼길. 이중생활 징조	생녀순산
실 물	도 적	여 행	가 출	대 인
동쪽이나 여자와 관계	못 잡는다	구설이 따른다	멀리간다	곧 온다

소 송	건 강(질병)		계 절 별
위약사건 흉하나 곧 해결된다	오랜병 재발우려,		春凶. 夏吉. 秋平. 冬吉.

1월	올바른 마음과 덕을 쌓아야 이익이 있다.	7월	신상에 우환이 많고 주변사람으로부터 손재를 당하거나 신경쓸 일이 있다.
2월	서방은 길하고 있는 자리를 이동하는게 길하다.	8월	서북은 길하며 여자로 인해 신경쓸 일이 있다.
3월	친한 사람에게 피해 당할 수 있고 매사 어려운 운이다.	9월	새로운 인연을 만날운이니 대인관계를 원만하게 할 것.
4월	명예나 재수는 길한 운이다. 색정을 조심하라.	10월	깊은 수심과 노력 끝에 의외의 큰 것을 건질수 있다.
5월	동북 양방향이 유리하다.	11월	길운이 문앞에 있으니 기쁜일이 있다.
6월	의외의 운으로 성공하고 가정도 화목하다.	12월	주관이 확실하고 소신있게 행하면 평운이다.

四三 뇌화풍 (雷火豊)	**천둥소리와 번개불이 함께 일어나는 괘** 안으로는 밝은 문명의 상이고 밖으로는 움직이는 괘상으로 밝은 지혜를 바탕으로 행하니 대외적으로 풍성하게 된다.
☳☲	莊周라는 사람이 신수점을 친 괘인데, 趙王의 신하로 검술이 뛰어나 위세가 대단했다. 이 괘를 득하면 다가올 사태에 미리 대비해 두어야 한다. 가을에 풍성한 수확후 월동준비를 해야한다.
坎水宮 九月卦	풍(豊)은 풍년 풍으로 풍족속의 슬픔, 즉 성대하고 풍만한 것을 의미하며 발전의 극치점을 말한다. 천둥소리와 번개불이 함께 일어나는 상황이다.

財巳 官戌 ││ 命	재수나 명예에 아주 길한 운이다. 이성문제, 남편득첩, 형제근심, 취관, 승진, 처근심.
父酉 父申 ││世	부모나 존장문제, 부동산문제, 문서관계, 시험에는 합격, 송사, 입시, 학위 등의 문제, 자녀근심.
官丑 財午 │	부부간의 문제, 남녀교제, 돈이나 여자로 인한 재앙, 문서나 친척근심.
官辰 兄亥 │ 身	형제의 관재로 근심, 남편, 직업, 직장문제, 손재구설, 실물, 도난, 병난, 관재.
孫寅 官丑 ││應	신규사업을 시작하면 남 좋은 일만 시킨다. 남편 및 자녀근심, 실직, 관재투송, 이사나 취직문제.
官辰 孫卯 │	자녀근심, 남편문제, 유산이나 난산 등의 근심, 관재구설, 부부불화, 이사근심

운세	중천에 떠 있는 해는 점점 서산으로 기울어 질 것이며 아침이 되어야 다시 뜬다. 점점 쇠퇴해지는 운이니 매사에 공명정대하여야 하고 경거망동은 금물이다.

특성	겉으로는 문제없이 보이나 내면으론 불화하고 실속이 없다. 물질적으로나 정신적으로 풍성하나 앞으로는 곤궁할 것이므로 사치를 금하고 절약하면 결코 불길하지 않는 운이다. 부부불화, 재산다툼, 축산, 목장, 토건, 중개업, 공무원, 동업은 불길하다.

신 상	소 망	가 택	재 수	매 매
서두러지 말 것	불리	구설조심	불리. 지출증가.	이익이 없다.
시 세	취 직	입 학	애 정	출 산
하락	불리 실력을 쌓아라.	불리 하향지원	나이 차가 많다. 불길	순산. 득녀(첫째가 딸이면 득자)
실 물	도 적	여 행	가 출	대 인
6, 9월에 찾음	못 잡는다.	길하다.	동남쪽	급히온다
소 송	건 강(질병)			계 절 별
취하가 길. 손해본다	심장, 언어장애, 요통, 관절염, 신경성.			春吉. 夏平. 秋凶. 冬平.

1월	재앙은 끝나고 운이 트이니 생활에 활력이 넘치고 가정도 화목하다.	7월	동쪽의 사람이 도와주는 운으로 소망이 이루어 진다.
2월	어려움은 사라지고 밝은 희망의 운이다.	8월	재운으니 길하나 구설이나 건강을 조심하라.
3월	귀인을 만나 재운이 활짝열린다.	9월	일신이 곤고하고 마음에는 수심이 쌓이는 운이다.
4월	기지 발동이니 구설을 조심하라.	10월	원행은 불길하다. 교통사고나 낙상을 주의하라. 지출이 심하다.
5월	바른 마음으로 행하면 만사가 형통한다.	11월	욕심내지말고 마음을 비우지 않으면 반드시 손재한다.
6월	다른 일을 시작하면 실패한다.	12월	문서로 인한 근심이 있고, 하는 일은 반복한다.

四 四 진위뢰 (震爲雷)	우레가 연달아 치는 괘 우레가 거듭치고 있으니 만물을 크게 진작시켜 움직여 나오는 상이다.(땅속에서 싹이 움터 나오는 상이다)
䷲	李靖이란 사람의 신수점인데, 이정은 天使와 약속을 어기고 고향마을에 三十餘水滴을 떨어뜨려 대홍수의 재난을 자초했다. 이 괘를 득하면 크게 놀랄 일이 있어도 피해는 없으며, 큰 일을 한다고 덤벙되어도 소득없는 일이다.
震木宮 十月卦	뢰(雷)는 천둥소리, 큰 산이 진동해서 울린다. 즉 대단한 위력의 상태로 패기만만하고 박력과 용기가 백배한 상태다. 또한 두 마리의 용이 한개의 구슬을 놓고 다투는 상이다.

孫巳　財戌 ｜｜世	마음을 안정하고 행하면 만사형통이다. 처첩또는 자녀문제. 득재. 취관. 연애. 혼사. 부모근심.
官酉　官申 ｜｜ 　　　　身	혼인, 양자 등의 일이나 직업적으로 기쁜일이 있다. 남편문제. 진관, 공명문제. 형제 및 친척근심. 병난. 도난. 관재.
財丑　孫午 ｜	돈이 원수이나 때를 기다리면 기쁜일이 있다. 자녀,처첩문제 남편근심 연애 혼사 직위불안. 명예손상
父亥　財辰 ｜｜應	윗사람과 다툼으로 구설수가 있어 손실이 있다. 처첩문제. 부모 및 문서근심. 인장유고. 부동산 및 이사 근심.
兄卯　兄寅 ｜｜ 　　　　命	인장, 문서 등을 조심해야 한다. 형제문제. 처첩근심. 손재 실물 취직 및 이사문제. 수표부도. 질병. 수술. 구설분쟁.
財未　父子 ｜	처음에는 힘든 운이나 나중에는 좋은 운이다. 부모근심 처첩 및 돈 문제. 가택불안. 이사걱정

운세	쉽게 결말이 나질 않고 소리만 나고 형체가 없으니 실속이 문제가 된다. 이 때에는 방대한 계획만 앞서게 되며 큰 야심만 갖기 쉬운 때이다. 강한 운기이나 경쟁과 방해가 있어 잘되든 일도 유명무실해지기 쉽다. 내부에 충실하여야 하고 자신에게 충고해 주는 지인이 필요한 사람이다.
특성	거주불안, 이중생활, 신체손상, 사기, 도난, 애인변심, 혼사는 흉하다, 문서수표, 언론계, 혁명가, 공업, 지질학과, 교통, 해상업무, 화약, 말조심.

신 상	소 망	가 택	재 수	매 매
매사 길하다	이뤄질 듯하다 불성한다	이사하면 길	실리가 적고 손해가 많다	차츰 이득본다

시 세	취 직	입 학	애 정	출 산
올랐다가 급락	결정짓기 힘든다	하향지원	초혼흉, 재혼길	생남

실 물	도 적	여 행	가 출	대 인
못 찾음	잡는다	놀랄일 있다	멀리 갈려고 한다	가까운 곳이면 늦어진다

소 송	건 강(질병)		계 절 별
유리하다	정신병, 불면증, 간담, 각기, 중독, 중풍조심		春吉. 夏平. 秋吉. 冬吉.

1월	초반에는 고초가 많으나 후반에는 길한 운이다.	7월	근신하고 마음을 비우면 반드시 성공을 한다.
2월	요귀발동운으로 처액이나 손재, 직업으로 신경쓸 일이 있다.	8월	초반엔 불리하고 후반엔 길하며 횡재수도 있다.
3월	친우로 인해 피해나 손재다.	9월	길지로 이사하면 복록이 들어온다.
4월	어려운 중에도 재수운은 길하다.	10월	주색을 조심하라. 돈, 여자 때문에 골치아프다.
5월	남방이 길하고 출행하면 이익이 있다.	11월	돈줄이 막히니 조상을 위해 기도하라. 그러면 도와 준다.
6월	하는 일이 남북으로 길흉이 반반이다.	12월	처액이나 형제로 인한 근심이 있다.

四五 뇌풍항 (雷風恒)	우레소리와 바람이 부는 괘 안으로는 장녀가 가사를 돌보고 밖으로는 장남이 활동하는 상으로 부부로서 항구히 가정을 이루는 뜻이다.
䷟	宗王이라는 사람이 신수점을 쳐 얻은 괘인데, 결혼한지 얼마 안되는 韓明의 처를 탈취했다. 이 괘를 득하면 욕구불만에 사로잡혀 있을 때이다. 변함이 없으면 안정은 되나 권태가 오기 쉬우니 너무 감정에 치우 치는 일이 없어야 한다.
震木宮 正月卦	항(恒)은 오래간다, 변함없는 생활, 즉 한결같이 변화없는 항구적 임을 의미한다. 남자는 위에 여자는 아래에 있어 정상적인 평범한 가정상이다.

孫巳 財戌 ▎▎應	하는 일이 발전하여 재수가 대통한 운이다. 처첩이나 자녀문제. 부모근심 및 출산문제. 혼사. 득재. 직장인은 진급 등.
官酉 官申 ▎▎	명예에 길한운이나 주변사람과 다툼을 조심해야 한다. 남편이나 직장문제. 공명문제. 관사. 질병. 횡액. 친척근심
財丑 孫午 ▎ 　　　　身	자녀 및 처첩문제. 남녀교제. 혼사문제. 남편근심. 직위불안. 동업문제
孫午 官酉 ▎世	남편의 직장이나 건강문제, 자녀근심. 관재구설. 투송. 좌천. 실직. 실물. 명예손상
孫午 父亥 ▎ (伏寅兄)	손 아랫사람을 조심해라. 문서가 상한다. 부모나 자녀근심. 가택불안. 문서 또는 이사문제
父子 財丑 ▎▎ 　　　　命	처첩 또는 부모문제. 문서관계. 돈조심. 부모 및 남편근심. 이동이나 이사.

운 세	변화없는 생활에 권태를 느껴 변동을 해 보고 싶을 때이나 종전대로 하던 일을 충실하게 현상유지하면 좋으나 신규사업이나 직장변동을 하면 실패를 할 수 있다.
특 성	상속, 혼사, 부부냉전, 이혼, 급변동은 실패, 건강주의, 신경성, 공무원, 사업가, 회사원.

신 상	소 망	가 택	재 수	매 매
불안	서둘지 않으면 이루어진다	신축이나 수리는 불길	길하다	유리하나 늦어면 불길
시 세	취 직	입 학	애 정	출 산
보합에서 벗어남	윗분에게 재차 부탁하면 됨	노력하면 된다	무난	생녀순산
실 물	도 적	여 행	가 출	대 인
못찾는다	못잡는다	사고조심	동이나 남방으로 멀리 갈려고 함	늦어진다
소 송	건 강(질병)			계 절 별
오래끈다 그냥두면 길함	노이로제, 만성병, 신경통, 위암, 종기, 두통, 각기, 중풍, 백년기약했던 귀신, 동기귀신.			春吉. 夏凶. 秋凶. 冬平.

1월	모든 일이 늦게나마 바라는 데로 이루어진다.	7월	남과 북에 이익이 있고 명리에 길한운 이다.
2월	모든게 흩어지는 운으로 새로운 마음으로 열심히 노력하라.	8월	가까운 사람의 말을 믿지마라 피해를 볼 수 있다.
3월	재물이 밖에 있으니 바깥으로 활동 하면 재수가 있다.	9월	남방에 운이 있으니 그로 인해 재수가 있다.
4월	가까운 사람으로 우환을 당할 수 있으니 조심하라(연장자)	10월	돈이 모이는 듯 하나 모이질 않고 소 모만 될 뿐이다.
5월	하는 일이 깨어지니 매사가 불성이 다.	11월	북방이 길하다.
6월	현재 일만 생각해라. 변화하면 만사 가 불리하다.	12월	모든 소망이 이루어 지며 기쁨이 넘친 다.

四六 뇌수해 (雷水解)	우레가 치며 비가 쏟아지는 괘 밖으로 우레가 동하고 안으로 물이 있어 험난한 과정이 지나가고 풀린다는 뜻이다.
䷧	초패왕 항우가 전쟁중 한나라 병사들에 포위되었을 때 점친 괘인데, 후일 대패하고 간신히 포위망은 뚫었으나 烏江을 건너지 못하고 전사했다. 이 괘를 득하면 어려운 시기는 걷히고 새희망의 아침을 맞아 활동할 때를 맞이한 것이다.
震木宮 十二月卦	해(解)는 풀, 해결할 해로 얼음이 녹는다, 풀린다를 의미한다. 해동이 되어 봄을 맞이할려는 시기이다.

孫巳 財戌 ||	남쪽이나 서북쪽에서 수익이 늘어나는 운이다. 여자 또는 수하문제. 남녀교제. 결혼문제. 진재. 진관
官酉 官申 || 應 身	남편이 발전하고 직장과 명예에 길하다. 공명. 도난. 손재. 질병. 친척근심. 형제근심
財丑 孫午 |	자손 및 처첩문제. 연애. 혼담. 돈문제. 남편근심. 실권. 직위 불안
官酉 孫午 ||	자녀 및 남편근심. 낙태. 관재구설. 직위불안. 사기. 명예손상
孫巳 財辰 | 世 命	재수는 대길하나 상대를 너무 쉽게 믿지를 마라. 처첩이나 자녀문제. 돈또는 결혼문제. 간통. 연애. 이사문제
孫巳 兄寅 || (伏子父)	돌다리도 두들겨서 건너야 하니 항상 주변을 잘 살펴라. 형제. 자녀. 부모문제. 부부불화. 자녀 가출. 언쟁구설. 손재수

운세	고진감래. 어려움을 이겨내고 운세가 점점 호전되어 간다. 계획하는 일은 급히 서두르면 길하다. 그러나 아직 내적으로는 위험요소가 있으니 방심하지 말고 꾸준히 노력하여야 한다.
특성	해산, 허위약속, 이동, 전직, 실직, 해약, 파혼, 풍파, 임신, 돈걱정, 매매, 귀인을 초빙, 무역길, 이사대길, 공무원, 농업, 상업, 해운업, 시험대길.

신 상	소 망	가 택	재 수	매 매
발기한다	묵은 소망성취 새소망 지연	불안	길함	순조롭다
시 세	취 직	입 학	애 정	출 산
오른다	순조	합격	길연이니 빨리하라	생남
실 물	도 적	여 행	가 출	대 인
높은 곳이나 장롱속을 보라	못 잡는다	길하다	멀리 갈려고 한다	연락하면 온다

소 송	건 강(질병)		계 절 별
서두르면 승소	장병, 식체, 복통, 각기, 비위.	애보다 먼저 죽은 귀신 다툰다. 누명쓰고 죽은귀, 수액사, 객사귀.	春平. 夏吉. 秋凶. 冬凶.

1월	구설이 많으나 결국은 평안하고 가정은 화목하게 된다.	7월	재수도 있고 명예도 얻는 길운이다. 취직운.
2월	어려움을 극복하고 발전과 희망이 비치는 운이다.	8월	욕심내면 손해보고 질병이나 관재구설을 조심하라.
3월	자신만 가지고 경거망동하면 반드시 피해를 본다.	9월	주변사람으로 인해 신경을 쓸 일이 있으니 조심하라.
4월	재수대길한 운이다. 만사여의.	10월	매사 꼬이는 운이니 근신하라.
5월	매사가 길하고 안팎으로 기쁜일이 있다.	11월	북방이 불리하고 손재수가 있다.
6월	직장이나 명예도 길하고 매사가 순조롭다.	12월	귀인이 도우는 운이며 동서방이 이롭다.

四七 뇌산소과 (雷山小過)	산위에 우레가 치는 괘
	집안에 고요히 지내는 소년이 밖에서 장남의 요란한 움직임에 반발하여 조금 과하게 대항하는 상이다.
䷽	한고조가 전황이 불리하여 성안에서 수비만 하는 어려운중에 친 점인데, 후일 적의 포위를 뚫고 탈출에 성공했다. 이 괘를 득하면 도움 안되는 주변사람들로 인하여 곤란을 당하고 있으니 문제를 최소화 하도록 노력해야 한다.
兌金宮 二月卦	소과는 지나칠, 그러칠, 허물 과다. 저자세, 작은 새가 큰산을 넘는 형상이다. 음효가 양효보다 많아 소인배가 판을 치는 형상으로 분란과 내란이 일어나기 쉬운 때이다.

官巳　父戌 ‖	매사 급하게 처리하지 말고, 차분하게 해야 탈이 없다. 윗사람, 남편근심. 취관. 시험. 문서. 부동산 매매문제. 관송. 이장.
兄酉　兄申 ‖	주변사람에게 손재를 당할 수 있으니 조심해야 한다. 형제. 동료문제. 취직 혼인 양자문제. 손재. 밀애고민. 금전문제
父丑　官午 ∣ 世 (伏亥孫) 命	심신이 괴로우나 계획을 세워 차분하게 대처해야 피해가 없다. 남편, 부모문제. 문서계약. 송사. 소식. 존장근심. 형제근심
財卯　兄申 ∣	동기간에게 피해보는 운이다. 수입보다 지출이 증대하여 빚이 늘어난다. 형제나 처첩문제. 여자로 인한 문서말썽. 가정불화. 부부반목.
孫亥　官午 ‖ (伏卯財)	자식이 돈문제로 말썽을 일으킬 수가 있다. 남편 및 자녀근심. 퇴직. 관재. 형액. 산아근심. 가택불안. 주색.
財卯　父辰 ‖ 應 　　　　身	부동산을 팔아 자금을 만들어 사업을 시작 할려고 하나, 시기상조라 때를 기다려야 한다. 부모나 문서근심. 처첩이나 돈문제. 가택불안. 이사근심.

운세	일에 다소의 무리가 있어 힘이 들 수 있으며 큰 계획은 흉하나 작은 계획은 길하다. 과욕하지 말고 능력껏 성실하게 노력하야 할 시기이다. 눈 앞의 이익에 욕심내면 실패하고, 남의 부탁을 받아 들이면 분쟁의 불씨가 있든가 서로 배반하는 일로 고충이 있을 수 있다.
특성	정책수행중 실패, 경제실패, 강자가 약자에게 패할수, 부부불화, 이혼, 가출, 낙태, 자궁수술, 여자는 재혼, 관재구설, 횡액, 신체장애, 유전병, 차, 선박, 비행기, 불조심, 작첩, 상복수, 보증, 백전백패, 부상.

신　상	소　망	가　택	재　수	매　매
질병조심	불성취	불안	손실	이익이 없다

시　세	취　직	입　학	애　정	출　산
보합	보류하라 구설수	불리	안된다 부부이별 위기	난산

실　물	도　적	여　행	가　출	대　인
못찾음	못잡는다	질병이나 도난	소식온다	소식있으나 올 생각없다

소　송	건　강(질병)		계　절　별
오래끈다, 흉함	고열, 허리, 산소 잘못, 청춘귀, 여귀		春吉. 夏吉. 秋吉. 冬平.

1월	꽁꽁 묶여 있던 운이 서서히 풀리기 시작하는 운이다.	7월	동서에서 손해를 보는 운이다.
2월	노력하고 기도하면 평탄하다. 금전적으로 어려운 운이다.	8월	집에 있으면 심신이 불안하고, 밖에서 활동하면 길하다. 구설조심.
3월	경영사가 어려움에 봉착할 수 있다.	9월	노력해도 별 소득이 없다.
4월	남 좋은 일 시킨다. 매사 조심해서 진행할 것.	10월	가정이 불안하고 질병이 침투한다. 신불기도하면 면한다.
5월	남쪽 사람이 불리하고 현재일을 계속해라.	11월	무리하면 손해본다.
6월	어려움이 많으나 차츰 회복된다.	12월	주변의 도움으로 운이 들어온다. 부동산과 관련된 문제.

四八 뇌지예 (雷地豫)	우레가 치니 대지가 떨치고 일어서는 괘 초목이 땅을 뚫고 움터나와 생장할려고 하는 즐거움의 상이다.
䷏	제갈공명이 남만을 토벌할 때 얻는 괘인데, 이미 승리를 예견했다. 이 괘를 득하면 매사에 미리 준비하여 한다. 계획을 직원들에게 알려주어 행하는 지혜가 필요하다.
震木宮 五月卦	예(豫)는 즐거움, 게으름, 미리라는 뜻을 담고 있다. 양기의 우뢰가 지상에서 동하니 대지가 진동하는 봄의 형상이다.
孫巳 財戌 ||	여자나 자식, 수하문제로 신경이 쓰이는 운이다. 낙태수술. 돈문제. 득재. 취관. 주색풍파.
官酉 官申 || 命	명예운이 길하니 매사 순리대로 행하면 득이 되는 운이다. 남편문제. 관사. 시비구설. 병난. 도난. 손재. 친척근심.
財丑 孫午 |應	자녀나 처첩문제. 연애. 혼담. 외재입택. 직장불안. 남편근심.
官申 兄卯 ||	아랫사람을 주의하라, 구설 등으로 손재당할 수 있다. 형제재액. 손재구설. 주거이동. 사업문제.
財辰 孫巳 || 身	자식과 관련된 돈, 여자문제로 구설이나 관재를 조심하라. 자녀나 처첩문제. 연애. 혼담. 삼각관계. 득재. 이사수.
父子 財未 ||世 (伏子父)	부동산 매입 등으로 고통을 당할 수 있다. 처첩이나 부모근심. 문서계약. 가택 및 직업불안.

운세	노고는 사라지고 지금부터 모든 일이 여의할 때다. 그러나 환락에 빠져 태만하면 실패할 것이다. 착실히 노력하여 지혜롭게 대처하면 순풍에 돛을 단 배와 같다.

특성	즐거워 하나 끝에는 태만하기 쉬움을 교시한다. 일가의 융성, 나라의 번영, 부동산 매입, 신축, 개업, 변동, 이사, 승진, 결혼, 간통봉변, 출산, 첩, 환자, 군사령관, 기관장, 실업가, 은행가, 예술가, 점술가, 배우, 요정, 음식업, 항공, 기상연구가.

신 상	소 망	가 택	재 수	매 매
길조	동방에서 온 사람이 도와성취	흉함	수입보다 지출이 많다	성사된다

시 세	취 직	입 학	애 정	출 산
오르다 떨어진다	윗 분에게 부탁하면 성사된다	합격	길하다	생남

실 물	도 적	여 행	가 출	대 인
못 찾음	여자면 빨리 못잡는다	고생한다	동쪽이나 서남방에서 찾아라	중도장애 소식온다

소 송	건 강(질병)		계 절 별
패소	구병은 쾌차, 근병은 염려, 암, 식중독, 타박상, 감기, 인연끊어진 사람, 결혼못한 귀신 한품고 있다		春平. 夏吉. 秋吉. 冬凶.

1월	매사 불리하니 조심하라. 원행을 하지마라. 기도하라.	7월	운이 하향하니 매사 조심을 하라. 질병, 관재조심.
2월	사방에 재물운이 있다. 직장이나 직업으로 근심있다.	8월	어려우나 명예, 취직 등은 길하다.
3월	의외의 손재나 여자로 인해 피해를 본다. 신경성.	9월	의외의 공명이 있고 매사 성취되는 운이다.
4월	재물운도 길하고 가정이 화평하다.	10월	남방과 관련된 사람은 악한 사람이다.
5월	재수에 길한 운이다.	11월	일신이 곤고하고 마음에 근심이 많다.
6월	부동산과 관련된 일로 재수가 길한 운이다.	12월	타인으로부터 음해나 관재, 손재수가 있으니 조심하라.

五一	하늘에서 바람이 부는 패
풍천소축 (風天小畜)	물건을 높게 쌓을려면 바람에도 흔들림이 없어야 하나 4효의 음효 때문에 높이 쌓을 수가 없어 소축이다.

䷈	한신이 關을 공략하는데 실패하여 친 점인데, 3차 공격으로 간신히 승리했다. 이 패를 득하면 때를 기다려야 한다. 5개의 양효(뭇 남성) 사이에 1음효(연약한 여인)의 힘만으로는 아무리 버둥거려 봐야 소용이 없다.
巽木宮 十一月卦	소축은 머물게 한다. 저축하다는 뜻이다. 작은 힘(陰)이 큰 힘(陽)을 머물게하는 의미로 매우 힘든 시기이며, 하늘에 구름이 잔뜩끼어 있으나 바라는 비는 오지 않고 있다.

父子 兄卯 ǀ	현상태를 유지해야 한다. 과욕은 금물이다. 동료나 존장문제. 문서관계. 손재. 처액. 주거걱정. 이별.
父子 孫巳 ǀ	부모와 자식간의 갈등을 해소하라. 자녀재액. 부모나 문서문제. 부동산계약. 이사. 취직문제.
孫午 財未 ǀǀ應 命	대외적으로 하는 일은 재수가 좋은 운이다. 처첩이나 자녀문제. 여자 및 돈근심. 연애. 혼담. 부모 및 형제근심.
財丑 財辰 ǀ (伏酉官)	처가 남편을 무시하고 사업도 파재하는 운이다. 처첩이나 돈문제. 남편득첩. 가정불화. 애정고민. 부모근심.
財丑 兄寅 ǀ	가내에 빚이 늘어나는 힘든 시기이다. 형제나 처첩근심. 손재구설. 이사문제.
財丑 父子 ǀ世 身	도박이나 투기를 조심하고 사업확장을 하면 큰 손해본다. 부모나 처첩근심. 가택불안. 이사문제. 계약말썽.

운세	아직 막힌 시기이니 때를 기다려야 한다. 일상일은 길하나 큰일은 불통이나 앞으로 3개월만 참고 기다려라. 노력에 비해 얻는 것이 적음을 뜻하며 조금 막혀서 아직 때가 오지 않음을 내포하고 있다.
특성	처가 남편을 깔고 앉으려 한다. 부부관계가 불합하여 운에 불리, 분쟁, 욕구불만, 신체손상, 항해사고, 가슴앓이, 부채, 일수놀이, 계주, 접객업, 과학자, 충돌, 농부, 해산물.

신 상	소 망	가 택	재 수	매 매
주변의 방해로 불여의	장애가 많다	2인동거는 불리	금전고통	파는 것이 길하다

시 세	취 직	입 학	애 정	출 산
보합	빨리 안됨	안된다	2, 3차 후 성혼 불화이별	생남

실 물	도 적	여 행	가 출	대 인
못 찾음	못 잡음	사고조심	멀리가서 못 찾음	소식만 온다

소 송	건 강(질병)		계 절 별
불리하다	신경쇠약, 호흡기, 식도암, 의약 동남, 동북간방	불상 집에 있다. 잡신침범 물려주야 된다.	春凶. 夏凶. 秋吉. 冬吉.

1월	길흉이 반반이다. 매사 조심. 지출이 심하다.	7월	변동이나 이사하여 개업을 하는 운이다.
2월	가택이 불리하고 신병이 두렵다.	8월	돈이 나가는 운이다. 관재구설 조심.
3월	동남과 관련된 일은 반드시 손해를 본다.	9월	남방으로 활동을 하면 재수있다.
4월	노고가 많으며 심신이 피로한 운이다.	10월	동남 서방이 길하다.
5월	서서히 운이 풀리니 막혔던 재물운이 들어온다.	11월	서방에는 손재와 구설이 있다.
6월	욕심내면 잃고 마음을 비우면 평탄하다.	12월	신수가 형통하고 가정에는 재물이 쌓인다.

五二 풍택중부 (風澤中孚)	연못위에 바람이 부는 괘 안으로 기쁘하고 밖으로는 순순히 행하여 중심을 다진다는 뜻이다.
䷥	辛君이란 장군이 신수점을 친 괘인데, 신군은 큰 성을 쌓아 처와 함께 지내며 크게 위세를 떨친 장군이다. 이 괘를 득하면 암탉이 병아리를 부화하는 것처럼 모든 일에 정성을 다하여 처리하면 좋은 결과를 이룰 수가 있다.
艮土宮 八月卦	중부는 믿을, 기를, 발톱 부다. 지성이면 감천이다. 어미새가 알을 품고 있는 것을 의미하며, 또 위의 바람이 아래의 연못을 움직이는 형상이다.
財子　官卯 ｜	명예에 길한 듯 하나 분수를 지켜야 한다. 남편득첩. 처첩근심. 형제재액. 병난. 도난. 시비구설.
財子　父巳 ｜ (伏子財)　命	부모근심, 처로 인해 신결 쓸 일이 있다. 부부언쟁. 돈걱정. 문서걱정. 해외진출 문제.
父午　兄未 ｜｜世	분수를 모르고 날뛰면 큰 손재를 보니 조심해야 한다. 형제나 부모문제. 문서관계. 계약언쟁.
兄辰　兄丑 ｜｜ (伏申孫)	변화하면 빚더미에 앉으니 변화는 꿈도 꾸지마라. 형제나 동료문제. 취직. 이사. 가내불화. 애정불안. 형제불목.
官寅　官卯 ｜ 　　　身	직장 그만두고 집에 눌러 앉았다. 명예에 불길하다. 남편근심. 공명문제. 재앙. 도난. 질병난. 이사문제.
官寅　父巳 ｜應	변동을 하지말고 현업을 지켜라. 남에게 의지하지 마라. 취직. 영전. 관재. 송사. 시험. 이사. 부모나 남편문제. 병난.

운세	육성의 시기이니 성심으로 행하면 통달함을 암시하고 있다. 윗 사람이 아랫사람을 성심으로 감동케하여 즐겁게 따르게 하고 있다. 서로 화응하니 공동사업은 더욱 길하며 남녀가 결합하는 데도 길하다. 그러나 유혹이 많을 때이니 감언이설에 조심하고 본업에 충실하라.
특성	스캔들, 부정임신, 파혼, 실물, 낭비, 감언이설, 배당, 공동사업, 친족회사, 문학, 식물, 조류학자, 양돈양계, 양조장, 부부화목, 입시. 고시합격.

신 상	소 망	가 택	재 수	매 매
초길, 후흉 풍파	성취	우환	길함	매수, 매도 길함

시 세	취 직	입 학	애 정	출 산
천천히 오른다	길하고 출세한다	된다	성혼, 길연이다.	생녀 난산

실 물	도 적	여 행	가 출	대 인
휩싸여 있다	못 잡는다	수로여행 징조	멀리 가려한다	소식만 온다

소 송	건 강(질병)		계 절 별
오래끈다 조정	중병이다, 심장, 신경통, 변비, 뇌, 발열, 의약 동남. 무의고귀. 제사 안지내는 귀신있다.		春平. 夏平. 秋吉. 冬吉.

1월	신경성이 오고 마음이 항상 불안하다.	7월	경영사는 활발하게 진행되는 길한 운이다.
2월	직장, 직업으로 근심이 있고, 건강을 조심하라. 평범한 운이다.	8월	모든 일이 형통한다.
3월	구설을 조심하라. 재수운은 길하다.	9월	동, 남방이 모두 길하다. 관재조심, 주변사람 조심.
4월	문서와 관련된 일이 있다. 가정에 우환이 있다.	10월	호운으로 재수나 가정이 화목하다.
5월	활짝 개이는 운으로 가정이나 일신이 평안하다.	11월	생활이 윤택해 진다. 여자나 돈 때문에 신경쓰인다.
6월	여자로 인해 손재한다. 지출을 줄여라.	12월	스스로 변화가 있고 모든 일이 순조롭다.

五三 풍화가인 (風火家人)	불이 타면서 바람을 일으키는 괘 밖에서 바람이 불어와 불을 밝히는 상으로 장녀는 밖에서 중녀는 안에서 가정을 돌보니 즉 식구가 맡은 직분을 행하는 상이다.
䷤	董永이란 사람이 점친 괘인데 부친이 별세했는데 장례비가 없어 자신을 1만냥에 팔아서 장례를 치렀다고 한다. 이 괘를 득하면 가정이나 사업에 내실을 다질 때이다.
巽木宮 六月卦	가인은 가정의 사람, 주부, 손(巽)은 장녀, 이(離)는 중녀, 즉 시어머니와 며느리, 시누이와 올캐가 화목하다는 뜻이다.

父子　兄卯 |	문서계약건으로 신경쓸 일이 생긴다. 동료 및 존장문제. 처액. 여자근심. 손재구설.
父子　孫巳 | 應 命	새로운 일을 시작하고 싶으나 이루어 지질 않으며, 새로 시작을 하더라도 승산이 없다. 자녀나 부모근심. 산액. 이사. 결혼문제. 마음심란.
孫午　財未 | |	안밖으로 일을 벌려 욕심 부리지 말아야 한다. 여자로 인하여 시비구설에 휘말릴 수 있다. 처첩이나 자녀문제. 돈걱정. 남녀교제. 결혼문제.
財辰　父亥 | (伏酉官)	문서로 자금을 마련하여 직업을 가질려고 하나 큰 승산이 없는 운이다. 직장운은 괜찮다. 부모재액. 가장근심. 문서계약. 돈근심. 자녀걱정.
兄寅　財丑 | | 世 身	재수에 불길하고 처의 건강에 문제가 있거나, 처로 인해 손재를 당하는 운이다. 파재. 실물. 처액. 신상변동. 이성교제로 고민.
財辰　兄卯 |	움직이면 피해를 당하니 현상태가 최상이다. 형제문제. 처첩이나 돈으로 인한 근심. 취직 및 이사문제.

운세	마음놓고 즐길 때, 운수대통의 시기이나 평온 무사함에 권태를 느껴 신규확장을 해보고 싶어하나 흉하고 주부가 주동되면 길하고, 특히 부부가 일심으로 행하면 입신출세한다. 가내 화락하니 무슨 일을 하고싶고 바람도 피워보고 싶은 때이다.
특성	애정행각으로 구설수가 염려되니 조심을 해야할 시기이다. 현모양처, 여성이 가권을 장악, 가내부업이 길, 삼각관계, 결혼길, 건축, 식구분산, 자녀액, 임신, 공업, 조선업, 회계, 은행, 보험, 문인, 예술가, 접객업, 수도, 전기, 입시, 고시대길.

신 상	소 망	가 택	재 수	매 매
처첩으로 길하다	순조롭다	화재조심	대성한다	길하나 성급은 금물

시 세	취 직	입 학	애 정	출 산
오르다 하락한다	윗선이나 처에게 부탁하면 된다	길하다	성혼, 길연이다	생녀

실 물	도 적	여 행	가 출	대 인
집안에 있고 늦게 찾는다	못 잡는다	길하다	남동으로 멀리 가려고 한다	온다

소 송	건 강(질병)	계 절 별
유리하다	경증이나 오래간다. 중풍, 각기, 뇌, 허탈증, 한열 자손 죽은 것. 장자조심. 잡신동토.	春吉. 夏凶. 秋平. 冬凶.

1월	올바른 마음으로 적선을 하라 그러면 재수가 대길하다.	7월	신수가 불리하고 건강도 조심하라. 관재구설 조심.
2월	모든 일이 형통하니 의기가 양양하다. 돈, 여자땜에 신경쓸일.	8월	가정은 기쁜 일이 많고, 또한 재수운도 길하다.
3월	직장이나 명예에 길하고 생남운. 문서와 관련된 일이 있다.	9월	재수가 불리하니 근신함이 제일이다.
4월	모든게 순조롭고 재수도 길하다.	10월	서방의 사람을 만나 일을 하면 손재를 당한다.
5월	운직이면 손재수다. 마음을 안정하라.	11월	바깥에 나가서 재물을 구하면 풍족함을 누린다.
6월	욕심내면 손해본다. 처나 금적적으로 신경쓰인다.	12월	서방인과 합심하면 소망하는 일이 이루어진다.

五 四 풍뢰익 (風雷益)	우레가 치며 바람이 부는 괘 바람은 아래로 향하고 우레는 위로 올라와 서로 부딪혀 크게 요동쳐서 유익하게 된다는 뜻이다.
䷩	伯牛란 사람이 병들었을 때의 신수점인데, 스승을 기만하고 비방하 다가 끝내 파멸되었다. 이 괘를 득하면 무슨 일이든 적극성을 띠어 야 하고 특히 공익사업이면 더욱 길하다.
巽木宮 七月卦	손(巽)은 바람으로 따른다를 의미하며 뢰(雷)는 우레로서 움직 임을 나타낸다. 익(益)은 더할, 보탤 익으로 적극적으로 어려움 을 극복하고 공공의 이익을 도모하면 큰 결실을 맺는 때이다.
父子　兄卯	應	항상 주변정리와 주변사람을 잘 살펴야 피해가 없다. 동료나 존장문제. 계약근심. 부동산분쟁. 처액. 손재. 구설.
父子　孫巳 | 　　　　　　身	자식과 대화로 문제를 풀어야 한다. 자식이 공부하기 싫어하고 가출을 할 수도 있다. 자녀근심. 존장문제. 산아유고. 이사문제. 영농실패.
孫午　財未			처첩이나 자녀문제. 득재. 취관. 연애. 혼담. 돈문제. 주거근심.
父亥　財辰		世 (伏酉官)	처첩이나 돈문제로 고심하는 운이다. 부모근심. 문서유고. 부동산매매. 이사문제.
兄卯　兄寅		 　　　　　　命	가정에 지출이 늘어나 빚이 증가하는 등 불길하다. 형제문제. 처첩근심. 손재. 실물. 질병. 이사문제.
財未　父子		부모나 존장근심. 문서인장유고. 이사관계. 돈걱정. 집안불안.

운세	적극적으로 곤란을 극복하고 장래를 위해 공공의 이익을 목적으로 먼저 혜택을 베풀면 크게 빛나는 결실을 맺는 시기이다. 이익의 시기이기는 하나 방탕에 흐르기 쉽고 독선적으로 행하면 실패하기 쉽다. 적극추진하면 좋은 협조자를 만나 성사되는 길한 운이며 직장인은 승진, 영전 등 발전되는 운이다.
특성	가정불화나 금전적인 걱정이 있을 수 있다. 문서, 인장착오, 공공사업확장, 토목, 도로공사, 건축, 항해여행, 부동산, 적금, 빌려준돈 받음, 임신, 낙태, 주거변동에 길하다.

신 상	소 망	가 택	재 수	매 매
왕성	윗분이나 부녀자 도움으로 성취	화재조심 집수리할 것	의외득재 재수대통	매수 모두길

시 세	취 직	입 학	애 정	출 산
강세부동	길하다	지망교는 더 노력하라	길연. 여자 바람끼	생녀순산

실 물	도 적	여 행	가 출	대 인
여자에게 물어봐라	못 잡음	길하다	동쪽에서 찾아봐라	소식온다

소 송	건 강(질병)		계 절 별
속전해야 길하다	고비다. 수면부족, 간장, 한열, 여자병조심, 욕심부리지 말 것.		春凶. 夏平. 秋凶. 冬平.

1월	돈줄이 막히고 횡액수가 있으니 근신하고 조심하라.	7월	관귀나 질병이 오니 건강과 관재구설을 조심하라. 기도하라.
2월	매사불리하고 불통이며 시비구설이 있고 관재를 조심하라.	8월	모든게 순조롭과 재수도 길하다.
3월	욕심내다 큰 손해를 본다. 마음 비우면 만사 태평이다.	9월	호운이나 여자나 관재구설을 조심하라.
4월	차근차근하면 재수는 길하다.	10월	재수가 불길하니 매사 조심하라. 문서로 신경쓰이는 운이다.
5월	재수는 길운이니 열심히 노력하면 모든게 잘 이루어진다.	11월	문서의 취득이나 어려운 중에서도 일은 성취된다.
6월	움직이면 실물이나 손해를 보는 운이다.	12월	북방이 유리하고 재수는 길하다.

五五 손위풍 (巽爲風)	산들 바람이 부는 괘 안밖으로 장녀가 모였으니 겸손하고 풍부한 경험을 통한 세련된 여인의 상이다.
䷸	越나라 상장인 범여(范蠡)의 신수점인데, 미인계를 써서 吳王을 패망시켰다. 이 괘를 득하면 겸손이 지나쳐 우유부단한 생활에 빠질 수 있으나 사업자는 큰 이득이 있고 특히 무역업에 길하다.
巽木宮 四月卦	손(巽)은 유순할, 낮을 손이며 바람, 산들바람이며 겸손하게 사양한다. 어떤 곳이나 다 들어간다. 통하여 조금씩 길이 열리는 것을 말한다.

父子　兄卯丨世	신규사업은 생각지도 말라 현재를 지켜라. 동료나 존장문제. 손재구설. 이별. 신고. 소식. 이사근심.
父子　孫巳丨	항상 처신에 신중하고 말과 행동을 조심해야 한다. 수하근심. 존장문제. 산아근심. 부부불화. 이사문제.
孫午　財未丨丨 　　　　身	현재는 노력해도 별 소득이 없다. 여자로 인해손재 조심. 여자나 수하문제. 돈관계 문서근심. 교제. 결혼문제. 부모근심.
孫午　官酉丨應	경거망동하지 말고 가정에 충실하라. 남편재액. 자녀근심. 파직. 관재. 투송. 도난. 병난.
孫午　父亥丨	항상 겸손하면 윗사람의 도움이 있다. 부모나 자손근심. 병난. 가택불안. 이사문제. 산아근심.
父子　財丑丨丨 　　　　命	여자로 인해 고심하거나 친구와 마음을 상할 일이 있다. 처첩이나 돈문제. 부모근심. 부동산매매. 이사문제.

운 세	소극적이고 자신감이 없어 독자적으로 행하기가 어렵다. 만사 다망하고 들떠있을 때로 변동운이 있겠고 작은 일은 길하나 큰일은 중도 장애로 불리하다. 모든 일에 주관을 세워 일에 전념하여야 한다. 여자에겐 길하고 남자는 취약점을 보완하여 행하면 길하다.
특 성	도적, 쓰리군, 암거래, 무역, 외국여행, 색정가출, 창녀, 반신불구, 이사, 주거불안, 관재구설, 부도, 심란, 매스컴, 친구조심.

신 상	소 망	가 택	재 수	매 매
순탄	일부 성취	절근처 길 이인동거	길하다	길하다

시 세	취 직	입 학	애 정	출 산
보합	기다려야 한다	실력부족	초혼구설 재혼은 길	생남순산

실 물	도 적	여 행	가 출	대 인
못 찾는다	잡는다	길하다	동남방으로 갔다	소식있다

소 송	건 강(질병)		계 절 별
강하게 나가면 불리하다	노인은 흉, 청년은 무사. 간장, 부인병, 유행병, 삼신재앙, 자손조심.		春平. 夏吉. 秋凶. 冬吉.

1월	가까운 사람이나 친인으로 인해 피해를 볼 수 있다.	7월	시비나 관재구설을 조심하라. 신경성으로 인한 질병.
2월	근신하지 않으면 손재나 관재수를 당할 수 있다.	8월	매사가 지체되는 운이니 더욱 노력을 해야 할 때이다.
3월	참고 견디면 최후에는 형통하는 운이다.	9월	표면으로는 활발하나 내적으로는 부실하다.
4월	남쪽으로 행하면 손재를 본다. 떠돌이 인생이다.	10월	심신이 안정되고 매사가 순탄하는 길한 운이다.
5월	자신있게 추진하면 재물운은 형통한다.	11월	추진하는 일은 생각되로 잘 진행되고 결국 성취하게 된다.
6월	매사 길운으로 태평성대를 이룬다.	12월	만사가 순리대로 진행되는 길운이다.

五 六 풍수환 (風水渙)	물위에 바람이 부는 괘 잔잔한 수면에 파문이 일어 흩어지는 상으로 밖으로는 순수한 덕으로 안의 중심을 지키고 밖으로 그릇됨을 흩어내는 이치다.
䷺	漢武帝의 신수점인데, 李夫人왕후와 사별한후에는 인생의 무상함을 눈물 지었다 한다. 이 괘를 득하면 희망의 나라로 배가 떠나듯이 새로운 전환기에 와 있다고 본다. 다만 다가올 거센 파도와 싸워 이길 각오가 필요하다.
離火宮 三月卦	환(渙)은 분산, 흩어진다, 민심이반, 국론분열, 가족이 뿔뿔이 헤어 진다는 것을 뜻한다.

官子　父卯丨 　　　　身	존장이나 남자문제. 자녀근심. 취관. 시험. 관재. 송사. 부동산계약문제.
官子　兄巳丨世	형제와 관련된 관재,. 남편문제. 손재구설. 수족지액. 직장이나 직업문제, 취직문제.
兄午　孫未丨丨 （伏酉財）	안밖으로 일을 벌리나 수입은 별로다. 자녀나 형제문제. 부모 및 남편근심. 남녀교제.
財酉　兄午丨丨 （伏亥官）命	형제나 동료문제. 처첩근심. 남편근심. 손재실물. 이사문제. 돈근심.
兄巳　孫辰丨應	노력해도 결실이 없으니 안하는 것보다 못하다. 자녀나 형제문제. 부부고정. 부동산매매문제. 동업관계.
兄巳　父寅丨丨	부동산이나 문서로 인하여 관재를 조심해야 한다. 부모나 형제문제. 처자근심. 손재구설. 이사나 문서문제.

운세	바람이 물위로 불고 있는 형상이니 돛을 달고 배가 막 출발하는 상태이므로 새로 출발하는 운기로 발전을 기대 할 수 있다. 확고한 의지와 불굴의 정신으로 서두르지 않고 차근차근 순리대로 행하면 매사가 길하다.
특성	절교, 이탈, 금전소모, 주거이동, 재난, 전직, 가정불화, 측우소, 이민, 간척공사, 유학, 여행, 무역.

신 상	소 망	가 택	재 수	매 매
길하나 변동은 금물	오래된 소망은 성취한다	가장이 불안	산재가 많다	손해본다

시 세	취 직	입 학	애 정	출 산
오른 것 같으나 하락한다	어려운중에 성취 구설조심	어렵다	성혼 재혼은 흉	춘하 생남 추동 생녀

실 물	도 적	여 행	가 출	대 인
못 찾음	못 잡음	원행은 흉하다	동남방에 있다	소식온다

소 송	건 강(질병)		계 절 별
잘 해결된다	낳는다. 치질, 산후출혈 설사, 성병, 양가조상. 양자, 데릴사위, 풍파난 집.		春平. 夏吉. 秋凶. 冬吉.

1월	욕심내면 손재한다.	7월	밖으로 횡액이 있다. 관재조심.
2월	신수가 불리하고 신액을 조심하라. 정성껏 기도하라.	8월	태평한 운이나 금전의 지출을 줄여라.
3월	가정이 화목하고 심신이 화평하다.	9월	초반에는 재수가 있으나 후반에 흉할 수 있으니 조심하라.
4월	취직, 승진 등 공명에 길하다.	10월	동방이 길하고 추진하면 순조롭게 이루어 진다.
5월	의외로 성공할 수 있는 길운이다.	11월	직장으로 인한 문제. 명예에는 불길한 운이다.
6월	고집은 금물이고 마음을 비우면 길한 운이다.	12월	안밖으로 마음이 잘 맞고 기쁜일이 있다.

五 七 풍산점 (風山漸)	산위에 나무가 자라는 괘 산위로 바람이 불어 초목과 금수가 미동하여 움직여 나아가는 상이다.
䷴	제나라의 안자(晏子)의 사관의 길흉점인데, 후일에 승상이 되었다. 이 괘를 득하면 눈앞에 큰 이익에 결코 덤비지 말고 순리에 따라 꾸준히 노력하면 길하다.
艮土宮 正月卦	점(漸)은 차차, 자랄 점으로 확실한 성장, 서서히 발전하는 과정을 의미한다. 산(艮)위에 나무(巽)가 성장하는 모습이다.

財子　官卯	應 命	남편이나 처로 인한 근심. 구직이나 직장문제. 형제근심. 여자로 인하여 관재를 당 할 수가 있다.
財子　父巳 | (伏子財)	부모근심. 여자나 돈문제. 처첩근심.　문서말썽. 교통사고. 벌금.
父午　兄未 ‖	형제나 부모문제. 손재구설. 처첩근심. 부동산계약. 문서관계.
官卯　孫申	世 身	자식이 말썽을 일으켜 신경쓰이는 운이다. 남편근심. 관재구설. 유산 등의 출산으로 인한 근심.
財亥　父午 ‖	부모재액. 처첩근심. 가택불안. 돈걱정. 이사문제. 문서인장문제.
官卯　兄辰 ‖	투기 등으로 크게 손재할 수 있으니 욕심을 버려야 한다 형제재앙. 남편문제. 손재구설. 도난. 병난.

운 세	지금까지 부진하던 일이 진일보할 때로 안되던 일들이 유리하게 전개 되니 끈기 있게 추진하면 성공한다. 남녀간에 바람필 시기이니 조심하여야 한다. 여자는 임신할 시기이며 시험이나 선거에는 좋은 운이다.
특 성	승진, 신규사업 전환기, 혼사대길, 탈선, 전당포, 일수돈, 공무원, 외교관, 연예인, 문인, 중개업, 입시. 고시합격, 이성조심.

신 상	소 망	가 택	재 수	매 매
점점 발전	점차성취	평안	점점 발전	유리

시 세	취 직	입 학	애 정	출 산
싼 값으로 보합	길하다 속전은 흉	합격	길연이나 파혼우려	생녀순산

실 물	도 적	여 행	가 출	대 인
못 찾는다	잡는다	길하다	동남방	늦어도 온다

소 송	건 강(질병)		계 절 별
승산은 있으나, 합의가 길하다.	오랜병은 치유, 소화기, 변비, 간, 임신, 동기간, 형제죽은 귀신이 와서 명을 재촉한다.		春吉. 夏吉. 秋吉. 冬凶.

1월	직장문제, 자식으로 인한 근심. 마음을 안정하라.	7월	귀인이 도와주니 하는 일마다 잘 성취 된다.
2월	신경성이 오고 가신이 발동하니 지극정성으로 기도하라.	8월	신수가 아주 태평한 길운이다.
3월	동남 양방에 이익이 있다.	9월	주변에 도와주는 사람이 많아 이익이 있다.
4월	앞이 환하게 밝으니 길한 운이다.	10월	시비구설, 관재나 쟁송이 있을 운이다.
5월	하는 일마다 주변사람에게 인정받 고 이익이 있다.	11월	문서로 인한 말썽이나 손재로 인한 상심이 있다.
6월	자손에게 기쁜 일이 있으나 재수는 약간 불리하다.	12월	재수가 대길한 운이다.

五八 풍지관 (風地觀)	**땅위에 바람이 부는 괘** 땅위에 바람이 불어 만물이 흔들리는 상으로 안으로 유순하고 밖으로 순수한 덕이 있는 괘상이다.
䷓	당현종이 양귀비와 월궁전에 놀면서 친 점인데, 좋은 일도 때와 장소에 따라 틀릴 수 있는 것을 알았다. 이 괘를 득하면 자신의 주변을 잘 살피고 반성해야할 시기이다.
乾金宮 八月卦	관(觀)은 관찰하다는 뜻이며 땅(地) 위에 바람(風)이 거칠게 부는 상으로 질서가 붕괴되고 어지러워지는 때이다.

孫子　財卯 |	자식이 바깥으로 나돌며 낭비만 하고 다닌다. 여자나 수하문제. 연애. 혼담. 부모 및 문서근심.
孫子　官巳 | (伏申兄) 命	남편이 실직을 하거나 직장으로 인한 고심이 심하다. 남편 및 자녀로 인한 근심. 형제걱정. 출산근심. 관재.
官午　父未 ||世	부모나 문서운에는 길하다. 시험학격, 공직으로 진출, 남편문제. 처자근심.　송사. 부동산매매.
兄申　財卯 ||	처의 건강에 문제가 있거나 처로 인해 손재를 본다. 파재. 형제문제. 실물. 금전문제 시비.
父辰 官巳 || 　　身	남편이나 부모문제. 부동산계약. 이사문제. 소식. 송사. 존장근심.
孫子 父未 ||應 (伏子孫)	자식이 바깥으로 나돌아 고심하나, 대화소통이 안되어 문제가 발생하니 허심탄회하게 접근하면 해결된다. 가장으로 인한 근심. 가택불안. 우환근심. 이사문제.

운세	위에서 가르치고 아래에서 복종하는 뜻이니 교육자, 학자, 연구가 등 지도층의 지위에 있는 사람에겐 길한 괘다. 천하가 교란하니 정세를 관망하는 시기이니 성급히 굴지 말고 천천히 행하여야 한다.
특성	물질면 보다는 정신적인 면에 좋은 때이며 소모가 많은 시기이니 신규 확장은 피하고 먼 장래를 위해 노력하면 길하다. 학문, 종교, 풍파, 학교, 교육자, 지도자, 시험은 2차에 합격, 고립.

신 상	소 망	가 택	재 수	매 매
출타힘이 유리	늦게 성취	산사근처가 길	보통	상승후 하락

시 세	취 직	입 학	애 정	출 산
급락	된다	합격	성혼 남약여강	초산생녀 후산생남

실 물	도 적	여 행	가 출	대 인
못 찾음	늦게 잡는다	길하다	동남방 원방	온다

소 송	건 강(질병)		계 절 별
방해자로 늦게해결	오래간다, 두통, 신경통, 호흡기, 식욕부진, 폐, 간 조상이 와서 시찰한다, 아프다.		春平. 夏凶. 秋吉. 冬凶.

1월	서서히 운이 풀리니 열심히 연구와 노력하면 길하다.	7월	출행하면 재수가 있으나 돈 때문에 신경이 쓰인다.
2월	재수는 아주 길운이나 밖으로 새어 나가는 것을 조심하라.	8월	재물운이 아주 좋다.
3월	여색을 조심하고 횡액도 있을 수 있다.	9월	모든 일이 순조롭고 재수도 아주 길한 운이다.
4월	만사가 어렵고 액이 있으니 매사에 신중을 기하라.	10월	직장변동이 있으며 질병을 조심하라.
5월	시비구설, 관재를 조심하라. 그리 나쁜운은 아니다.	11월	귀인을 만나 재수가 있을 수 있고, 의외로 금전의 지출이 있다.
6월	주변의 여건이 좋으며 재수도 길한 운이다.	12월	현재 상태를 유지하라 경거망동하면 손해본다.

六 一 수천수 (水天需)	하늘에 구름이 모이는 괘
	비구름이 하늘을 뒤덮은 상으로 비가 내릴 때를 기다리라는 뜻이다.
䷄	채순(蔡順)이란 사람의 신수점인데, 도적인 적미를 만났으나 어렵지 않게 도망할 수 있었다. 이 괘를 득하면 좀더 때를 기다려야한다. 그동안 열심히 노력했으면 가까운 장래에 길운이 온다.
坤土宮 八月卦	수(需)는 기다리다, 인내하고 자중하라는 뜻이다. 위의 감(坎)은 위험한 강(江)이며 아래의 건(乾)은 군센 기상이다.

官卯 財子 ‖ 命	여자를 조심하라 손재하고 관재를 당한다. 남자근심. 남편작첩. 외방 또는 처의 가출. 돈 걱정.
財亥 兄戌 |	돈을 잡을려 해도 잡히질 않으니 헛수고다. 무리해서 일을 할려면 안된다. 형제나 처첩근심. 손재구설. 형제불화. 처와 이별.
財亥 孫申 ‖世	자녀 및 처첩문제. 연애. 혼담. 신상변동. 이사문제. 남편근심.
兄丑 兄辰 ‖ 身	매사 무리만 하지 않으면 현상유지는 한다. 형제나 동료문제. 손재구설. 여난. 도난. 병난. 취직문제
兄丑 官寅 |	직장을 그만두고 집에 틀어 박혀있다. 남편의 건강에 이상이 있다. 형제근심. 가택불안. 시비언쟁. 송사. 이별.
兄丑 財子 |應	부동산에 투자를 해도 이익이 없으니 포기해라. 처첩 및 돈근심. 형제문제. 파재. 실물. 처의 가출.

운세	하늘에 구름만 모여 있을 뿐 기다리는 비는 내리지 않고 있다. 지금은 지혜와 인내를 가지고 때를 기다리면 언젠가는 실력과 능력을 발휘할 시기가 올 것이다. 현재는 실력과 능력은 있으나 환경과 여건이 맞지 않아 새로운 사업은 금물이니 참고 기다리며 현실에 충실하면 성공은 눈앞에 있다.
특성	연상연애, 비밀탄로, 혼인흉, 시비, 관재구설, 손재, 교통사고, 중개업, 곗돈, 밭농사, 물장사는 길하다.

신 상	소 망	가 택	재 수	매 매
흉하다 경거망동 금물	천천히 성취	불안	의외의 득재	보류

시 세	취 직	입 학	애 정	출 산
약세	늦게된다	보통 1차보다 2차	흉하다	생남

실 물	도 적	여 행	가 출	대 인
못 찾는다	못 잡는다	길하다	근처에 있다	늦게온다

소 송	건 강(질병)		계 절 별
과감히 포기하라	변비, 고혈압, 두통, 주독, 이사자주해 조상망각, 청춘귀 해원해 주라		春吉. 夏平. 秋平. 冬吉.

1월	운은 길하나 때를 더 기다려라. 자식, 직장근심.	7월	욕심내면 내는 만큼 손해본다. 운은 열린다.
2월	노력이 최상의 길운이다. 직업, 직장근심.	8월	혼인에 길하고 재물운도 열린다.
3월	주변의 도움으로 성공하는 운이다.	9월	재수가 형통하는 운이다.
4월	변동하면 불길하다. 관재구설을 조심하라.	10월	재수에 길하고 가정도 화평하다.
5월	귀인을 만나 의외의 공명을 얻는다.	11월	움직이면 불리하고 현재의 일을 하며 길하다.
6월	바쁘기만하고 그 결과는 별로다.	12월	귀인이 도와 계획하는 일이 성취되는 길운이다.

六 二 수택절 (水澤節)	연못에 물이 고여 있는 괘 연못의 물이 차면 넘쳐 흐르게 하고 물이 비면 고이게 함으로서 조절한다는 의미를 뜻한다.
䷻	姜女가 남편인 맹강이 여름에 집을 떠나 겨울이 되어도 귀가하지 않아 솜옷을 보내면서 친 점인데, 남편은 솜옷을 받기도 전에 사망했다. 이 괘를 득하면 음식물을 절제하여 건강에 조심 해야한다. 사업에 투자는 금물이다.
坎水宮 十一月卦	절은 절개, 절제, 절약, 대나무 마디같이 잠시 멈춘다의 뜻이 있다. 연못의 물이 고여있는 형상으로 물이 마르지도 않고 흘러 넘치지도 않게 조절하는 상태다.

孫卯 兄子 ‖ 　　　身	동업은 금물이니 욕심부려 투자하지 말아야 한다. 동기나 수하문제. 손재구설. 실물.
兄亥　官戌		남편이 발전이 없고 문제만 일으켜 스트레스 받는다. 형제 및 처첩근심. 가택불안. 병난. 도난.
兄亥　父申 ‖應	부모근심. 형제문제. 문서계약. 돈 걱정. 자녀근심. 이사문제.
官辰 官丑 ‖ 　　　命	남편문제. 공명. 진관(승진, 영전). 병난. 도난. 관재. 부모 및 형제 근심.
孫寅　孫卯		자녀문제. 관사근심. 직업변동. 동업문제. 건강조심. 이사문제.
孫寅　財巳 |世	처첩이나 자녀문제. 득재. 진관(승진, 영전). 연애. 혼사. 이동문제.

운세	분수와 질서를 중시하면 희망찬 앞날을 기대할 수 있다. 목적 달성까지 많은 지장과 고난이 생기는 운세로 만사 뜻대로 안되고 유혹이 많은 때이나 꾸준한 노력으로 절제나 절약으로 고난을 극복하면 성취의 운이 열린다.
특성	제무덤 파는격, 결혼대길, 이별, 임신, 적금, 할부판매, 금고, 배신, 충신열사, 보석상, 서예, 이.미용사.

신 상	소 망	가 택	재 수	매 매
쇠운이다	분수에 맞는 것 성취된다	길하다 도난조심	수입이 일정치 않다	파는 것이 유리하다

시 세	취 직	입 학	애 정	출 산
약세보합	중도장애	힘든다	길하다	생녀 차산은 생남

실 물	도 적	여 행	가 출	대 인
못 찾는다	서북방에 숨어있다	흉하다	북방이나 남방 물가	안온다

소 송	건 강(질병)		계 절 별
불리	중태. 성병, 중풍, 호흡기, 각기. 춘추에 불상사있다. 섬기는 조상박대. 여자 자식없는 조상		春吉. 夏吉. 秋凶. 冬凶.

1월	운수가 대통하고 가정에도 기쁜일이 있다. 관재구설을 조심.	7월	재앙은 물러가고 태평해지는 운이다.
2월	변동, 새로운 일의 시작. 길운이다. 건강조심, 신경성.	8월	매사불리하고 남방을 조심하라.
3월	돈이 들어와도 지출이 많다.	9월	우연한 일로 구설이 있다.
4월	재수가 형통하는 운이다.	10월	마음을 비우면 평탄하다. 재앙, 손재 등 조심.
5월	서방에서 귀인이 도와 기쁜 일이 많다.	11월	원행은 불리하고 친한 사람이 피해를 끼친다.
6월	공익과 적선을 하면 길하다.	12월	성심껏 노력하면 평안하다.

六 三 수화기제 (水火旣濟)	불위에 물이 있는 괘
	수승하강(水昇下降)상이며 음양의 효위가 모두 정위에 있어 완전체의 괘를 이루어 험난한 과정을 건너 해결된 상태다.

䷾	한나라 계포(季布)의 신수점인데, 계포는 공부에 전념하다 한고조에 발탁되어 대장으로 승진하여 성공하였다. 이 괘를 득하면 현재 가장 왕성한 운을 맞이 하였다.

坎水宮 正月卦	기제는 완성, 성취된 상태를 말한다. 물이 타오르는 불길을 끄려는 형세로 고난과 노력 끝에 안정된 세력을 얻어 평화로운 상태다.

孫卯 兄子∥應 身	동업은 금물이니 욕심부려 투자를 하지 말아야 하고 투자를 하지 않는 사업은 길하다. 동료나 수하문제. 여자나 돈 근심.
兄亥 官戌∣	남편이나 형제문제. 형제나 친구 근심. 시비구설. 도난. 가택불안.
兄亥 父申∥	현상유지가 길하고 변화하는 순간 후회한다. 부모나 형제문제. 문서계약. 자녀근심.
官辰 兄亥∣世 (伏午財) 命	주변사람으로부터 피해를 당하니 조심해야 한다. 형제재액. 남편문제. 손재구설. 관재. 형액. 병난. 도난.
孫寅 官丑∥	남편의 건강이나 직장문제로 걱정이다. 자녀의 관재로 근심. 퇴직. 관재. 이사문제.
官辰 孫卯∣	자식의 진로문제로 고심한다. 자녀나 남편 근심. 관재구설. 유산.

운세	현재는 만사성취되어 만족한 상태이나 쇠퇴의 조짐도 있으니 욕심을 내어 변동을 꾀하면 재화의 불길속으로 빠지니 현상유지에 노력하라.
특성	속히 될 듯하나 지연된다. 주장을 내세워 분열되기 쉽다. 결혼, 임신, 동거, 합의, 관재구설, 협동사업, 친구사기, 특수재능, 고관, 지도자, 기관장, 문화, 목사, 임시.고시합격.

신 상	소 망	가 택	재 수	매 매
전성기	방해로 늦어짐	불안	마음을 비우면 길하다	불리

시 세	취 직	입 학	애 정	출 산
하락	경쟁자가 많아 어렵다	합격	청혼됨, 혼전동거, 풍파.	춘하절 생녀 추동절 생남

실 물	도 적	여 행	가 출	대 인
못 찾는다	잡는다	보통	못 찾는다	안온다

소 송	건 강(질병)		계 절 별
불리	악화될 염려, 배, 위, 요통, 양가집 조상 싸운다, 불조심		春平. 夏凶. 秋平. 冬吉.

1월	새로운 일, 돈줄이 열린다. 조상에게 빌어라 재수를 준다.	7월	여색을 조심하라 손재수다.
2월	횡재운도 있다. 열심히 노력하면 길하다. 시비구설 조심.	8월	재수에 대길한 운이다.
3월	안정하면 길하고 움직이면 흉하다.	9월	너무 욕심내면 만사가 불성이다.
4월	분주하기만 하고 결과는 신통치 않다.	10월	서북 양방에서 도와주어 일이 성취되는 운이다.
5월	운은 좋으나 길흉이 반반이다.	11월	재물운은 풍족하나 처로 인한 우환이 있을 수 있으니 조심하라.
6월	재수운이 길하며 남방이 대길하다.	12월	명예에 길한 운이다.

六 四 수뢰둔 (水雷屯)	구름속의 우뢰가 아직 동할 수 없는 기세인 괘 안으로 장남을 중심으로 중남이 밖에나가 활동하여 어려움을 헤쳐나간다는 뜻이다.
䷂	계포(季布)가 난을 피하여 숨어있으면서 친점인데, 한왕은 계포의 충절을 생각해 죄를 사면해 주고 높은 지위에 등용되었다. 이 괘를 득하면 매사 처음은 길하나 후는 불의하고, 사소한 일에 시비가 생기며 매사가 여의치 못하다.
坎水宮 六月卦	둔, 준(屯)은 진칠 둔, 어려울 준으로 탄생을 위한 괴로움을 뜻한다. 초목의 싹이 굳은 땅을 뚫고 올라오지 못하는 상태다.

孫卯 兄子 ‖ 命	주변사람의 도움을 받을 수 있으나 과욕은 금물이다. 동료나 수하문제. 부동산 매매. 결혼문제. 구설 논쟁.
兄亥 官戌 ∣ 應	남편이나 직장이 불안한 운이다. 형제근심. 시비. 쟁송. 정사. 애정파란.
兄亥 父申 ‖	문서문제 고심하는 운이다. 계약은 불길하다. 부모나 형제문제. 자녀근심. 가택불안. 이사문제. 불의 정사.
兄亥 官辰 ‖ (伏午財) 身	남편문제. 형제근심. 부동산 매매문제. 불의 정사. 실물.
孫卯 孫寅 ‖ 世	자녀문제. 남편 및 부모근심. 직장의 직위불안. 남녀의 교제문제
官未 兄子 ∣	문서계약 등로 인해 관재수가 있을 수 가 있다. 형제재액. 수족지액. 손재구설.

운세	고통많은 젊은 시절이요, 장차 큰일을 할 힘을 함축하고 있으나 아직은 시기 상조다. 내적으론 생명력이 넘치나 주위환경과 장애로 매사 막히고 번뇌가 많은 시기이다.
특성	주거이동, 금전난, 창립초기, 쉬는 단계, 사고, 상복수, 창녀, 가정불화, 낙태, 남녀문제.

신 상	소 망	가 택	재 수	매 매
때를 기다려라	늦게 성취	수리 동북방	곤란	불성(헐값)

시 세	취 직	입 학	애 정	출 산
저렴보합	어렵다	불리	불성	생남 난산기미

실 물	도 적	여 행	가 출	대 인
못 찾음	늦게 잡힌다	불길	근처 친구와 같이있다	늦게 온다

소 송	건 강(질병)		계 절 별
늦게 해결된다	신경쇠약, 변비, 신장, 각기, 히스테리. 과부집 물건 잘못사왔다, 기도부정.		春吉. 夏凶. 秋吉. 冬平.

1월	귀인이 도우는 길운이다.	7월	문서와 관련된 일이 있다. 재수는 길하다.
2월	남쪽사람과 동업이나 협력은 길하다.	8월	길성이 내몸에 와서 안기니 기쁜 일이 있다.
3월	시비나 관재구설을 조심하라.	9월	부귀가 겸전하는 길운이다. 금전지출이 많다.
4월	직업변동이 있다. 타툼이나 구설을 조심하라.	10월	서북쪽을 조심하라.
5월	신수가 불리하다. 도적조심. 돈문제로 신경쓸 일이 있다.	11월	재물운은 길하다.
6월	일은 많이 추진하나 소득은 별로다. 돈 때문에 신경쓰인다.	12월	변동하지 마라 불길하다.

六 五 수풍정 (水風井)	나무위에 물이 고인 괘 안으로는 겸손하고 밖으로는 왕성한 활동을 하는 상으로 땅속의 물을 끌어올려 우물의 물을 고루 베푼다는 뜻이다.
䷯	양귀비의 신수점인데, 안록산의 반란때 피살되었다. 이 괘를 득하면 건실한 노력으로 일을 추진하면서 남을 위해 일을 할 수 있는 아량을 지녀야 한다.
震木宮 三月卦	정(井)은 맑은 우물에 맑은 물이 넘치는 상으로 우물속에 두레박을 드리운 상태다. 우물의 물을 퍼 올리려면 노력이 필요한 때이다.
兄卯 父子 | |	조상이 발동을 하니 제사라도 지내주면 길하다. 존장근심. 동료문제. 조상 및 산소문제. 이장. 사초.
父亥 財戌 | 世 身	모든 일은 남편이나 남자를 앞세우면 손해는 안본다. 처첩이나 부모근심. 문서관계 돈 조심. 남녀교제 정사.
父亥 官申 | | (伏午孫)	인허가건이나 자격증, 계약 등에는 길한 운이다. 남편문제. 부모근심. 문서계약. 송사. 소식.
孫午 官酉 |	남편건강이나 직장으로 인한 근심이 있다. 자녀의 관재로 근심. 파직. 관재. 투송. 산아근심. 실물수.
孫午 父亥 | 應 (伏寅兄) 命	자식이 공부 때문에 스트레스 받아 가출한다. 부모근심. 집안 근심. 이사문제.
父子 財丑 | |	처첩문제. 부모근심. 문서관계 돈 조심. 가택근심. 이사문제.

운 세	시행착오가 많을 시기이다. 고통과 노고가 많으나 결국에는 뜻하는 바를 이룬다.			
특 성	정사, 결혼문제, 득첩, 가정불화, 이혼직전, 염문, 가내우환, 질병, 유흥, 상문, 협동사업, 보석상, 요식업, 해산물, 수도, 저수지, 수력발전소, 범죄자, 변태자.			

신 상	소 망	가 택	재 수	매 매
분수를 지켜라	적은 것 성취	물가에 살면 불안	좋으나 지출이 번다하다	적은 이익
시 세	취 직	입 학	애 정	출 산
변동이 있다가 상승한다	오래걸린다	어렵다	불길	생남
실 물	도 적	여 행	가 출	대 인
집안에 있다	못 잡는다	불길	북방, 동남방에 있다	안온다
소 송	건 강(질병)			계 절 별
오래끈다	약 잘못먹고 죽은귀신 명재촉한다, 비오는날 득병 소화기계통, 신경계통의 질병			春凶. 夏吉. 秋吉. 冬吉.

1월	시비나 구설을 조심하라. 손재수가 있다.	7월	하는 일은 어려우나 이익을 챙기는 운이다.
2월	운세가 역전이니 손해를 볼 수 있 다.	8월	직장, 명예에 길하고 재수도 있다.
3월	너무 경거망동하면 좋은게 하나도 없다.	9월	생남수가 있고 운도 길하다.
4월	다툼, 시비구설을 조심하라 질병조심.	10월	역마수라 출타하면 이익이 있다.
5월	남쪽에서 의외의 득재수가 있다. 가정은 화목하다.	11월	변동이나 이사, 새롭게 출발하면 더 길 하다.
6월	주변사람과 구설, 시비, 다툼 조심.	12월	욕심내지 않으면 더 많이 얻을 수 있 다.

六六 감위수 (坎爲水)	홍수가 범람하는 괘 안밖으로 물이 있어 험한 상태이나, 내외에 양이 가운데에 있어 강한 덕으로 물결같이 행하면 형통하다는 뜻이 있다.
䷜	안록산의 신수점인데, 당 현종을 쫓아내는 등 위세가 대단했으나 그 어렵고 힘든 고충은 막심했다. 이 괘를 득하면 겹치는 고통속에서 어찌할 바를 모르는 때에 처해있다.
坎水宮 十月卦	감(坎)은 이중으로 어려움에 부딪친다. 홍수가 이중으로 범람하는 형상으로 위험과 고난의 재액이 닥쳐 피할 길이 거의없는 위기일발의 시기이다.

孫卯 兄子 ∥ 世	손재수가 있으니 주변 사람들을 조심해라 동료나 수하문제. 손재구설. 부부불화. 처첩근심.
兄亥　官戌 ∣	주거이동이나 시비수가 있다. 남자문제. 형제 및 처첩근심. 시비송사. 도난. 재앙. 이사문제.
兄亥　父申 ∥ 命	바르게 행하면서 때를 기다려라. 부모 및 형제문제. 자녀근심. 문서계약건으로 구설. 보증관계.
父酉　財午 ∥ 應	부도날 운이니 매사 신중하고 조심해야 한다. 처첩문제. 부모근심. 부동산계약. 돈 걱정. 이사문제.
財巳　官辰 ∣	윗사람이나 전문가에게 상의하면 성사된다. 남편문제. 처첩이나 형제근심. 가족불안. 재난. 도난. 관재.
財巳　孫寅 ∥ 身	여자로 인해 구설이나 손재수가 있다. 자녀나 처첩문제. 연애. 혼담. 남편근심. 파재. 애정파란.

운 세	조급하게 몸부림치면 칠수록 깊은 함정으로 빠져들 뿐이다. 두가지 일에 끼여 고생하는 시기이며 단 한걸음도 전진하지 말고 오직 마음을 비우고 한걸음 물러나 때를 기다려야 한다.	
특 성	진퇴양나, 거주불안, 이사, 이동, 전근, 좌천, 가출, 사기, 도난, 정사, 자살, 수액, 교통사고, 정신착란, 창녀, 성병, 종교, 학문, 연구직이 길하 다.	

신 상	소 망	가 택	재 수	매 매
한집안이 두집안으로 분리	불성	물가에 이사	곤궁	파는게 유리

시 세	취 직	입 학	애 정	출 산
폭락	안된다	안된다	불길	생남이나 쌍둥이

실 물	도 적	여 행	가 출	대 인
물가에서 찾아라	물가나 산주변의 인가	흉하다	못 찾는다	안온다

소 송	건 강(질병)		계 절 별
오래가고 서로 흉하다	위중, 신경쇠약, 신장결석. 빈혈. 임질, 교통사고, 익사, 압사자 있다		春吉. 夏凶. 秋凶. 冬平.

1월	힘든 운이니 매사조심해라. 조상을 위해 기도해라.	7월	욕심내면 손해본다. 경거망동 하지마라.
2월	어려우나 우연히 득재할 수 있는 운이다.	8월	가정이 불안하고 구설시비를 조심하라.
3월	직업변동이 있고 운이 조금씩 풀린 다.	9월	문서운이 있고 공무원은 승진할 수 있 다.
4월	동방으로는 손해를 본다.	10월	가까운 사람과 쟁송 등이 있다.
5월	재물운이 들어 왔으니 길한 운이다.	11월	매사 순조롭고 가정은 태평하다.
6월	서방으로는 길하고 이익이 있다.	12월	북쪽의 사람은 피하라. 가정이 불안하다.

六 七 수산건 (水山蹇)	산위에 급류가 흐르는 괘
	밖에는 물이 있고 안에는 산이 있으니 밖은 험난하고 안에서 나아가지 않는 것이니 이를 거역하면 난관에 빠진다는 뜻이다.

䷦	鐘離의 신수점인데, 후일 종리는 대장이 되어 초와 싸워 승리했다. 이 괘를 득하면 꼼짝할 수 없는 불운에 직면해 있다. 산을 넘었는데 강이요, 또 강을 건넜는데 또한 산을 만난다.

兌金宮	건(蹇)은 절다. 다리를 못 쓰는 앉은뱅이다. 산(艮)위에 큰 물 (坎)이 쏟아지니 천지를 분간 못하는 상태다.
八月卦	어려움과 고난 속에서 진퇴양난으로 꼼짝할 수 없는 상태이다.

財卯 孫子 ││ 命	자식을 멀리 보내 노심초사하고, 벌려 놓은 사업이 부진한데 겨울부터 상승하나 내년 봄이 되어야 재운이 풀린다. 수하나 여자문제. 남편근심. 돈 문제. 관송. 연애나 혼사.
孫亥 父戌 │	새롭게 시작할려고 해도 자금부족이요, 무리하게 추진하면 10월을 넘기지 못한다, 존장이나 자녀근심. 동업관계. 소식. 문서 및 가택근심.
孫亥 兄申 ││世	자식 때문에 애를 태우고, 수입보다 지출이 증대한다. 형제나 자녀문제. 신상변동. 사업문제.
財卯 兄申 │ 身	경제적으로 어려움에 봉착하고 처나 여자로 인해 피해를 보니 항상 조심하여야 한다. 형제문제. 처첩이나 돈 근심. 부부불화. 남녀이별.
孫亥 官午 ││ (伏卯財)	집안에 질병이 침투했으니 배우자의 건강에 문제가 있고, 치료비 지출이나 집저당으로 관재수가 있다. 남편이나 자녀근심. 파직. 관재투송. 산아근심. 작첩근심.
財卯 父辰 ││應	부동산을 매매 할려고 해도 제값을 못받고 파는 운이다. 부모근심. 처첩문제. 가옥매매. 이사문제. 자녀근심. 생남수.

운세	주위의 도움을 받을 수도 없고 혼자서 도저히 헤쳐나갈 능력이 없는 참으로 고통스러운 때이다. 경거망동하지 말고 인내로서 시운을 기다려야 한다.
특성	백사불성, 부부풍파, 관재구설, 사기, 도난, 병난조심, 자살미수, 건달, 범죄자, 교통사고, 조난, 신체손상있는 부호, 문인, 운동가.

신 상	소 망	가 택	재 수	매 매
신고파란	난망	불안	작은 이득	손해본다

시 세	취 직	입 학	애 정	출 산
하락	안된다	실력부족	단념이 길함	생남. 난산기미

실 물	도 적	여 행	가 출	대 인
못 찾는다	못 잡는다	장애있다	못 찾는다	안온다

소 송	건 강(질병)		계 절 별
오래간다	오래간다, 혈압, 신장, 임질, 신경통, 배가아프다, 혈맥불통, 귀신 때문이다.		春凶. 夏平. 秋吉. 冬凶.

월		월	
1월	매사불리하니 손재를 조심하고 조상과 신불에게 기도해라.	7월	희망이 보이는 운이다. 일이 서서히 풀린다.
2월	서남은 길하고 동북은 불리하다. 처의 액.	8월	열심히 노력하면 길한 운이다.
3월	손재수가 있으며 건강을 챙겨라.	9월	동방인을 만나면 길하고 은인을 만나 도와주는 운이다.
4월	직장이 불리하고 가정이 삭막하다. 매사가 불리하다.	10월	매사 힘든 운이니 돌파구를 찾는다고 무리하면 실패한다.
5월	직장과 직업, 재물운은 길하다.	11월	동업은 절대 금물이다. 사람 잃고 손재한다.
6월	건강과 구설시비를 조심하라.	12월	재물을 잃는 운이니 매사에 신중을 기하고 조심하라.

六八 수지비 (水地比)	땅위에 물이 고여있는 괘 감(坎)은 후천팔괘의 북향이요, 곤(坤)은 선천팔괘의 북향이니 서로 방향이 같다는 뜻의 같을 비(比)이다.
䷇	육고(陸賈)가 만적(蠻賊)을 칠려고 할 때 친 점인데, 후일 승리했다. 이 괘를 득하면 평안한 앞날을 기대해도 좋다. 인화단결에 힘을 기울여야 한다.
坤土宮 七月卦	비(比)는 친하다. 두사람이 정답게 돕는 형상이며, 땅위에 물이 있어 만물을 생성시키며 만인이 한 지도자를 흠모하여 즐겨 따르는 상태다.

官卯 財子 ||應	직장운과 사업운 모두가 부실한 운이다. 처첩이나 남편문제. 처 가출. 친척근심. 조상 및 산소문제.
財亥 兄戌 |	매사 성급하게 무리하지 말고 10월까지만 기다려라. 형제문제. 처첩 및 돈 근심. 손재구설. 혼담.
財亥 孫申 || 身	자식이 돈이나 여자로 인한 말썽으로 관재구설수가 있으니 주의하여야 한다. 자녀나 처첩문제. 남편근심. 직장불안. 연애나 혼담.
孫申 官卯 ||世	남편의 건강과 직장문제로 고민이다. 자녀근심. 파직. 관재 투송. 사업걱정. 손재. 부부불화.
兄辰 父巳 ||	문서로 인한 사고(소송, 탈취, 계약해지 등) 주의 부모근심. 형제문제. 자녀 근심. 문서 및 부동산계약 근심.
財子 兄未 || 命	경제가 파탄날 지경이라 심신이 괴롭다. 형제문제. 처첩근심. 손재구설. 실물. 이사문제. 돈 걱정.

운세	주변의 협동협력으로 대성할 때이다. 신뢰받을 시기이니 기회를 놓치지 말고 속히 일을 추진할 때이다. 여러사람이 한가지 목적을 위해 협력하는 운세이니 지도적 입장에서 적극 추진하면 대성한다.
특성	화합, 소원성취, 선수를 칠 것, 협조, 교제, 결혼, 임신, 출산, 양가사위, 여자둘, 공동재물, 부동산매매, 내부반란조심,

신 상	소 망	가 택	재 수	매 매
속결이 길하다	성사	중산층촌이상의 거주가 길하다	도박은 손재	파는게 유리

시 세	취 직	입 학	애 정	출 산
약세에서 하락	길함	합격	길연이다	

실 물	도 적	여 행	가 출	대 인
찾는다	잡는다	보통	서두르면 찾는다	소식온다

소 송	건 강(질병)		계 절 별
승소	만성질환, 피부, 근막, 가슴, 소화기, 신장, 수족, 치통, 동자귀신이 따른다, 기도부정,		春凶. 夏平. 秋吉. 冬吉.

1월	상하가 의견이 상반되어 불통이고 매사 불통이다.	7월	노력해도 결실은 별로다. 모든 병은 신경성에서 온다.
2월	손재수가 있으며 심신이 불안하다.	8월	서서히 운은 풀린다. 자식으로 인한 근심있다.
3월	신수가 불리한 운이다, 횡액조심.	9월	마음은 안정이 되나 금전의 지출이 많아진다.
4월	매사가 지체되는 불리한 운이다.	10월	만사가 서서히 서광이 비치는 길운이 다.
5월	하는 일이 원만하게 성취된다.	11월	재운이 왕하여 큰 돈을 얻을 수 있는 운이다.
6월	배신 당할 운이니 주변사람을 조심 하라.	12월	주변사람과 시비구설을 조심하고, 손재수가 있다.

七 一 산천대축 (山天大畜)	하늘 위를 향해 산이 솟아 있는 괘
	상효의 양이 아래의 강건한 양을 후중한 덕으로 비치게 하고, 산과 같이 물건이 흔들림 없이 견고하게 높이 쌓인 상이다.
䷙	신효황제(神堯皇帝)가 즉위전에 친 점인데, 후일 황제에 등극하였다. 이 괘를 득하면 먼저 자기의 실력을 쌓도록 노력하여야 한다.
艮土宮 十二月卦	대축(大畜)은 크게 저축한다는 뜻이다. 아래의 건(乾)은 강건함을 위의 간(艮)은 육중한 산을 의미한다. 산에는 풀과 나무가 꽉차 있는 상태로 대망의 뜻을 나타낸다.

孫酉　官寅丨 　　　命	남편이나 자녀에 대한 근심. 직장 퇴직. 관재투송. 산아근심. 해외진출 문제.
父巳　財子丨丨應	새로운 일의 시작이나 계약을 하고자 하나 불리하다. 처첩이나 부모근심. 문서계약 돈 걱정. 심란.
孫酉　兄戌丨丨	수입보다 지출이 심해 빚이 늘어날 수가 있다. 형제나 자녀문제, 형제불화. 처첩이나 돈 근심.
兄丑　兄辰丨丨 (伏申孫)　身	형제문제. 처첩이나 돈 근심. 자녀가출. 처의 가출. 취직문제.
兄丑　官寅丨世 (伏午父)	남편 건강문제, 직장 퇴직 등으로 골머리 앓는다. 형제불목. 가택불안. 이사문제. 문서문제 관송.
兄丑　財子丨	처나 여자로 인해 지출이 심하다. 처첩근심. 형제문제. 파재. 실물. 처액. 도난. 이사.

운세	풍년이 들어 수확한 곡식이 창고에 가득하다. 실력을 기르고 충분한 준비가 다 되어 있는 시기로 앞으로 대망을 성취할 운세이다.
특성	매사 적극적으로 끈기 있게 밀고 나가면 고생끝에 안락을 찾게된다. 부동산매매, 문서, 타인협조, 자수성가, 결혼대길, 기업가, 지도자, 고관, 정치가, 장성, 법률가, 은행가, 육상선수, 대학총장, 시험합격.

신 상	소 망	가 택	재 수	매 매
2년후 발신	서서히 성취	길함	대길	염가에서 상승한다
시 세	취 직	입 학	애 정	출 산
향후상승	늦게 된다	된다	길연으로 성혼된다	생남순산
실 물	도 적	여 행	가 출	대 인
찾는다	못 잡는다	보류하라	찾는다	늦게온다

소 송	건 강(질병)		계 절 별
오래끈다 화해가 길	소화불량, 양변불통, 복막, 종기, 부인병, 두통. 집터에 유골		春吉. 夏凶. 秋凶. 冬平.

월		월	
1월	매사가 순조롭게 진행되는 길한 운이다.	7월	자식으로 인한 근심. 심신이 피로하다.
2월	재수에 아주 길하며 이제는 재물이 쌓이는 운이다.	8월	막혔던 돈줄이 열리고 자식운도 좋다.
3월	욕심을 내지 말고 꾸준히 노력하라. 손재수도 있다.	9월	호사다마라, 재수에 불리하니 주변을 잘 살피고 조심하라.
4월	시비구설, 싸우지마라, 관재구설이 두렵다.	10월	매사 불리하다. 초반에는 길하나 후반에는 흉하니 대비하라.
5월	문서, 시비를 조심하라. 의외의 득재운도 있다.	11월	하는 일이 여의하고 재수운도 길하다.
6월	여자를 조심하라 구설이 있다.	12월	어려운 일도 귀인이 도와 주니 피해가 없다.

七 二 산택손 (山澤損)	산 밑에 연못이 있는 괘
	산아래에 못의 기운이 산속의 초목과 금수를 생장활동하게 안을 덜어 밖의 기운을 더해주는 것이다.

䷨	설인귀(薛仁貴)의 신수점인데 후일 연나라를 공격해 대승을 거뒀다. 이 괘를 득하면 봉사정신으로 남을 위해 일하면 길할 것이다. 큰 일을 위해서는 작은 일에 얽매이지 말아야 한다.

艮土宮 七月卦	손(損)은 손해보고 얻어라. 즉 남을 위해 봉사하면 자연히 자기에게 돌아오는 것이 있게된다.

孫酉　官寅ㅣ應	남편이 원수요 직장 때문에 골머리 앓은다. 남자나 수하근심. 퇴직. 관재. 투송. 도난. 재앙. 출산근심.
父巳　財子ㅣㅣ 命	문서나 계약건은 불리하다. 계약으로 인해 피해를 본다. 처첩이나 부모근심. 문서계약 돈걱정. 가택불안. 애정풍파.
孫酉　兄戌ㅣㅣ	주변사람으로 인해 관재나 구설이 있다. 형제나 자녀문제. 처첩근심. 손재구설. 사업문제.
兄辰　兄丑ㅣㅣ世 (伏申孫)	현상 유지는 좋으나 무리하면 손재본다. 형제문제. 처자근심. 질병. 수술. 부부불화. 손재구설. 취직문제.
官寅　官卯ㅣ 身	남편의 낙직이나 명예훼손 문제. 직장에서 퇴사, 병난. 도난. 재난. 가택불안. 부동산매매. 취직문제.
官寅　父巳ㅣ	부모의 관재수, 남편문제. 취직. 전직. 시험. 문서로 인한 관재송사. 문서계약.

운 세	어떤 이익을 추구하지 말고 신념에 의해 다소의 손해를 감수하는 것이다. 선손후득운이니 처음은 소모가 많고 좌절감으로 낙심할 때이나 끈기있 게 노력하면 장래에는 점점 호전되어 유망하다.
특 성	이차삼차 시도해야 성사된다. 실직, 배신, 투기, 시기, 부동산투자, 일수, 여관, 건축길, 양자, 신불에 기도, 시주, 보험, 혈압, 뇌일혈주의.

신 상	소 망	가 택	재 수	매 매
노고가 많다	80%성취	도적조심	선손후익	처음은 무익 나중에 유익

시 세	취 직	입 학	애 정	출 산
하락후 상승	늦게 된다	2지망에 가능	길연	초산 딸 차산 아들

실 물	도 적	여 행	가 출	대 인
서둘면 찾는다	못 잡는다	혼자는 불길	동북간에 있다	온다

소 송	건 강(질병)		계 절 별
오래끄니 화해가 길	오래간다. 영양실조, 허약, 두열, 각기, 산소 잘못 손댔거나 이장 잘못했다		春平. 夏吉. 秋吉. 冬凶.

1월	인정에 끌리지 마라. 신수가 불리하다. 구설조심.	7월	새로운 일을 하거나 계획을 세워 활동 을 할 때이다.
2월	처음에는 길하나 후에는 불리하니 경거망동을 하지마라.	8월	남방이 최길하다.
3월	어려움이 지나고 운이 서서히 열린 다.	9월	재수도 있고 가정도 화목한 운이다.
4월	남쪽이 길방이고 매사가 순풍이다.	10월	현재의 일이 길하니 움직이면 손해본 다.
5월	귀인을 만나 의외로 재수가 풀린다.	11월	관귀발동이라 정성껏 기도해라. 돈에 얽메이는 운이다.
6월	재물운이 열리니 열심히 노력하면 성취되는 길운이다.	12월	마음을 비우고 노력하면 무사태평이다.

七三 산화비 (山火賁)	산 너머로 태양이 지는 괘
	산아래에 화가 있으니 산속에 불이 붙은 상이니, 생장의 과정을 마치고 아름답게 결실을 맺는 뜻이다.
䷕	관중(管仲)과 포숙아(鮑叔牙)의 신수점인데, 두 사람은 친형제처럼 지내며 금은보화도 사심없이 나누어 가졌다. 이 괘를 득하면 허례허식에 빠지기 쉽다. 화려함에 이끌려 파멸을 초래할 위험이 있다.
艮土宮 十一月卦	비(賁)는 겉을 아름답게 꾸민다. 산 아래에 태양이 있으니 저녁 노을이 붉게 물들어 아름답게 보인다. 이 때는 감언이설에 속기 쉬운 때이다.

孫酉　官寅		직장인은 좌천이나 낙직 등의 불길한 운이다. 남편이나 자녀근심. 직장불안. 관재. 낙태. 남자이별.
父巳　財子 ||	문서를 취득하고자 하나 불리하다. 여자나 존장근심. 부동산문제. 돈 근심. 처액.
孫酉　兄戌 ||應 身	주변사람으로 인해 구설이나 피해를 볼 수 있다. 동료나 수하문제. 손재구설. 처첩근심. 산아근심.
兄辰　財亥 | (伏申孫)	처로 인해 손재, 채무의 증가로 마음고생이 심하다., 처첩재앙. 형제문제. 실물. 파재. 이성교제. 애정파란.
官寅　兄丑 || (伏午父)	채무로 인하여 부동산 처분 등의 일이 발생한다. 형제재앙. 남편문제. 동료근심. 손재구설. 가택불안.
兄辰　官卯 |世 命	남편문제. 형제근심. 가택불안. 이사문제. 시비구설. 타인기만.

운세	허세를 부리거나 노출시키지 말고 실리위주로 임할 때이다. 물질과 금전적으로 부족하여 외관을 차리기에 급급한 상태이니 허식을 버려야 좋다. 화려한 직업에 대성한다.
특성	위장, 가짜, 사기, 가식, 위조, 거래에 허점, 입신출세, 이동, 여행, 문학, 예술, 고시 사진, 영화, TV, 불, 꽃, 금방, 이사, 집수리, 가구장만, 유령회사, 관재구설, 중상모략, 부부풍파.

신 상	소 망	가 택	재 수	매 매
매사장애	늦게 성취	이사함이 길함	곤궁	무익

시 세	취 직	입 학	애 정	출 산
안정세	늦게된다	어문계, 미술 등 이 대길함	불길	생녀순산

실 물	도 적	여 행	가 출	대 인
못 찾는다	잡는다	무방	동북간방	온다

소 송	건 강(질병)		계 절 별
승소	중증, 소화기, 편도선, 한열, 월경불순, 자손귀신, 묘와 대문과 마주봄, 동토.		春平. 夏凶. 秋吉. 冬平.

월		월	
1월	욕심내면 될 일도 안된다.	7월	열심히 활동을 해야 일이 성취된다.
2월	어려운 중에도 일은 이루어지다.	8월	귀인이 도와서 의외로 성공을 하는 운 이다.
3월	마음을 안정하고 일을 하라. 일의 반복이 있다.	9월	운이 서서히 열린다.
4월	하는 일마다 꼬이고 복잡하다. 구설이 분분하다.	10월	재수대통하고 모든 일이 순조롭다.
5월	시간만 소비하고 되는 일이 없다.	11월	동업이나 협력으로 추진하면 성취된다.
6월	믿는 도끼에 발등 찍히는 운이다.	12월	요마가 침입하니 기도하라. 손재, 질병조심.

七四 산뢰이 (山雷頤)	산 아래에 우레가 힘을 함축하고 있는 괘
	산아래에 우레가 있어 초목을 성장시키는데, 인체에 비유하면 윗턱은 그대로 있고 아래턱은 음식물을 씹어 몸을 기르는 상이다.

䷚	장건(張騫)의 신수점인데 곤륜산황하원(崑崙山黃河源)을 찾아 선향(仙鄕)의 도원에서 소원을 빌었다. 이 괘를 득하면 입조심을 해야한다. 입조심은 말과 음식을 조심하라는 암시이다.

巽木宮	이(頤)는 턱이며 기른다로 통한다. 위의 산(艮)은 가만 있으나 아래의
八月卦	뢰(雷)는 움직인다. 즉 음식을 먹을 때 턱을 움직이는 모양과 같다.

官酉　兄寅｜	형제나 친구의 수족지액이나 관재구설. 주변사람으로 인해 손재 구설수가 있다. 남편이 친구로 인해 손재한다..
孫巳　父子｜｜ (伏巳孫)　身	부모 및 자녀근심. 문서 및 가축근심. 문서 인장말썽. 가정근심.
官酉　財戌｜｜世	처로 인해 관재가 일어 나거나 남편의 사업이 부진하여 손재를 당한다, 부모나 친척근심. 신상변동. 교제고민.
父亥　財辰｜｜ (伏酉官)	안밖으로 투자를 하여 돈이 흩어지는 고통을 당한다. 처첩 및 부모근심. 직장변동. 가토매매걱정. 애정파란.
兄卯　兄寅｜｜ 　　　命	채무가 늘어나 부동산이 압류 등으로 넘어가는 운이다. 형제문제. 처첩근심. 손재구설. 이사문제. 취직 및 직업변동.
財未　父子｜應	돈문제로 부동산을 매매 할려고 하나 잘 이루어지질 않는다. 부모근심. 처첩문제. 문서계약 근심. 돈 걱정. 가택불안.

112

운세	음식물을 조심하라. 구설이나 식중독 등의 재화가 생긴다. 타인의 반발로 애로가 있으나 정직, 성실로 대하면 협력을 얻는다. 쌍방이 합의하여 잘 될듯하나 도중에 방해자가 생겨 사기손재가 있고 분쟁과 색정에 조심을 해야한다. 노인은 양자를 얻거나 청년은 양자로 갈 수 있다.
특성	여자는 사회적활동가 이며 음악실, 오락실의 출입이 잦다. 색난, 구설, 자수성가, 수양생활, 축산, 실물수, 가토매입, 신계획, 요식업, 웅변, 방송, 군인, 법관, 혁명가, 지휘관, 토목업길, 부정임신, 취직, 복직.

신 상	소 망	가 택	재 수	매 매
재복, 명예길	늦게 성취	집터가 흉, 화재수	보통	구설수

시 세	취 직	입 학	애 정	출 산
보합	시일이 걸린다	합격 경쟁자가 많다	성혼	생남

실 물	도 적	여 행	가 출	대 인
못 찾는다	못 잡는다	원방은 불리	찾을 수 있다 근방에 있다	늦게온다

소 송	건 강(질병)		계 절 별
장기간 소요, 승소해도 무익	오래간다, 소화기, 식중독, 가슴, 배, 머리, 수족, 눈, 조상 잘 모시지 못했다. 양자.		春凶. 夏平. 秋平. 冬吉.

월		월	
1월	욕심내지말고 쉬어 간다고 생각해라 그러면 안정된다.	7월	경영하는 일은 모두 잘 풀린다.
2월	재운이 눈앞에 보인다. 재물을 구하는데는 길하다.	8월	시비와 구설을 조심하라. 손재수가 있다.
3월	점차 운이 열리는 길한 운이다.	9월	변화는 많으나 결국은 성공을 한다.
4월	마음이 불안정하나 매사 신중을 기하면 길운이다.	10월	불길한 운이니 매사 조심하라. 손재수가 두렵다.
5월	귀인이 도와주는 길운이다.	11월	동방이 길하니 반드시 득재하리라.
6월	모든 일이 지체되어 마음 안정이 안되니 마음 안정이 중요하다.	12월	동방에서 일을 하거나 추진을 하며 재수에 길하다.

七 五 산풍고 (山風蠱)	산 아래에 바람이 부는 괘 산아래에 바람이 불어와 단풍이 물들어 낙엽이 지는 상이다. 중년부인(巽)이 젊은 남자(艮)를 유혹하는 형상이다.
䷑	백락(伯樂)의 신수점인데, 백락은 馬醫인데 말을 보고 生馬, 死馬, 生死도 아닌 馬인지 정확하게 알았다고 한다. 이 괘를 득하면 뜻대로 일이 안풀려도 심사숙고하여 실마리를 풀어야 한다.
巽木宮 正月卦	고(蠱)는 벌레들이 파먹고 있다. 산 기슭에 거센 바람이 불어 큰 재화를 일으키는 것을 의미한다. 부패를 의미하고 재건을 해야함을 내포하고 있다.
官酉　兄寅∥應	형제나 동료근심. 남편과 관련된 손재나 관재가 일어난다.. 구설. 조상 또는 산소문제.
孫巳　父子∥∥ (伏巳孫)	부모의 우환이 있을 수 있고, 자녀의 공부나 진로에 대한 근심이 있다. 가정근심. 불상사. 부동산계약문제.
官酉　財戌∥∥ 　　　　身	남편이나 처로 인한 손재 또는 관재수가 있다. 문서나 부모근심. 친척근심.
孫午　官酉∣世	남편의 건강이나 직장문제, 자식으로 인한 관재, 파직. 관재. 출산근심. 신상변동 불안.
孫午　父亥∣	부모의 우환, 자녀근심. 학생은 공부걱정, 가출 등의 일이 발생한다. 가정근심. 병난. 전직. 이사문제.
父子　財丑∥∥ 　　　　命	새로운 일을 시작하거나 부동산을 매입 할 일이 있다. 처첩이나 부모근심. 돈 관계 문서근심. 부동산매매문제.

운세	재난과 혼란, 부폐의 시기이다. 겉으론 그럴듯하나 사업상의 결함 등으로 도산 일보직전에 있는 시기이니 구폐를 타파하고 냉정한 판단으로 과감한 결단을 내려 새로운 계기를 마련해야만 헤쳐 나갈 수 있다.
특성	가정이 무질서하고 찬바람이 돈다. 집수리나 이사는 길하다. 여자가 중개인이면 큰 화를 당한다. 여자는 애정문제 고민. 미망인은 연하와 수태, 피부병, 중독, 수술, 부채, 마담, 부동산실패, 투기금지.

신 상	소 망	가 택	재 수	매 매
신규진행	불성	가정정리 가옥파손	적자	중지가 길 구설수

시 세	취 직	입 학	애 정	출 산
하락후 상승	불성	하향지원	불길 재혼은 길	유산우려

실 물	도 적	여 행	가 출	대 인
못찾는다	잡는다	도난조심	멀리가서 못 찾는다	소식온다

소 송	건 강(질병)		계 절 별
장기화 되고 승산이 없다	장병, 정사관련병, 등, 피부, 가슴, 식체. 잘못죽은 귀신, 어육침해귀.		春平. 夏吉. 秋凶. 冬凶.

월	내용	월	내용
1월	귀신발동이니 기도하라. 마음을 안정하고 노력하라.	7월	한 우물을 파라 하는 일의 결과는 신통치 않다.
2월	동서 양방이 길하고 기쁜 일이 있다.	8월	추진사나 영업은 잘되는 길한 운이다.
3월	욕심내지 말고 참고 기다리면 때가 온다.	9월	가정에 질병이 들고 심신은 노고가 많다.
4월	돈 줄이 막혔으나 나중에는 길하다. 자식으로 인한 근심있다.	10월	매사 힘든 운이다. 손재를 조심하라.
5월	주변에서 중심적인 인물이 되고, 의외의 재물을 얻을 수 있다.	11월	운은 길하나 소망사는 어렵게 이룬다.
6월	상업엔 길하고 점차 재수운이 길하다.	12월	손재조심, 지출이 심하고 횡액이 있으니 조심하라.

七 六 산수몽 (山水蒙)	산속의 샘물이 흘러가서 바다를 이루는 괘 산 기슭에 오염되지 않은 맑은 샘물이 솟아나는 상이다. 중남이 철없는 소남을 가르치며 이끄는 상이다.
䷃	왕망(王莽)이 한고조가 천하를 얻었을 때 친 점인데, 후일 왕망은 한나라 유자영(孺子嬰)의 위를 빼앗고 신(新)나라로 국명을 고쳤다. 이 괘를 득하면 현재는 산골짜기의 샘물이나 앞으로 나아가면 큰 내를 이루고 강하와 바다를 이룬다.(前途洋洋)
離火宮 八月卦	몽(蒙)은 어릴몽이다. 어린아이와 같이 무력하고 몽매하여 허망하고 번뇌가 있을 시기이다. 계몽, 교육의 뜻을 담고 있다.

財酉　父寅∣	부모의 우환(건강, 치매 등)으로 걱정이다. 여자문제. 돈과 관련 문서근심. 시비구설 발생.
兄巳　官子∣∣ 　　　　身	남편 및 형제근심. 동료와 불목. 수족지액. 가택불안. 주거로 인한 고통..
財酉　孫戌∣∣世 (伏酉財)	신규사업은 가을에 시작해야 길하다. 자녀나 처첩문제. 연애. 혼사. 삼각관계. 정사. 이사문제.
財酉　兄午∣∣	형제나 동료에 인해 손재가 발생한다. 처첩근심. 돈 걱정. 이성문제 고민. 도난. 사기횡령 고심.
兄巳　孫辰∣ 　　　　命	자녀가 발전하는 운이다. 문서운은 불길하며 새로운 일의 시작은 수익이 별로다. 형제문제. 남편근심. 직위불안. 가택불안.
兄巳　父寅∣∣應	부모의 건강이나 관재수로 근심. 형제문제. 자녀근심. 문서계약. 이사문제.

운세	모든 일에 능력부족으로 중단상태이니 전문가의 조언을 받아 행하면 길하다. 어린이의 장래에 관한 점은 아주 좋다. 학문이나 지능과 관련된 일에는 장래가 유망하다.
특성	상대의 기선을 꺾어라. 장기전이면 길하다. 실패, 수표부도, 도난수, 지식부족, 기억상실, 건달, 학문, 예술, 종교인은 길함, 혼사는 유망.

신 상	소 망	가 택	재 수	매 매
노고가 많다	불성	산과 물가에 거주하면 길	불리 지출과다	저가매매

시 세	취 직	입 학	애 정	출 산
강세로 보합	늦게된다	상급학교 진학불리	불성	생남

실 물	도 적	여 행	가 출	대 인
못 찾는다	못 잡는다	불리	근처에 숨었다	늦게온다

소 송	건 강(질병)		계 절 별
불리	중태, 호흡기, 임질, 가슴, 배, 소화기계통, 꿈자리 뒤숭숭, 머리 어지럽다.		春凶.. 夏平. 秋凶.. 冬平.

월		월	
1월	노력해도 결과는 미흡하다.	7월	집안에 여자의 질병으로 근심이 있다.
2월	가정이 불안하다. 조상에게 정성껏 기도해라.	8월	우환이 사라지고 재물운도 길하다.
3월	허욕을 부리지 마라. 아직은 때가 아니다.	9월	귀인의 도움으로 횡액을 면하는 운이다.
4월	서서히 풀리는 운이다. 재물운이 왕하다.	10월	하는 일마다 운은 있으나 마가 따르니 조심하라. 신불기도하라.
5월	소망사가 이루어지고 재물운도 길하다.	11월	구설이나 쟁송을 조심하라.
6월	남방이 길하며 매사가 대길한 운이다.	12월	마음이 불안하고 금전적으로 불안하다.

七七 간위산 (艮爲山)	산이 중첩되어 있는 괘 산이 중첩되어 온 사방이 첩첩산중으로 전진이 어려운 상이다 간(艮)은 움직이지 않으니 때를 기다려 헤쳐나가야 함이다..
☶	한고조의 신수점인데, 영양(榮養)에서 항우에게 포위되었으나 동요하지 않고 성을 지켜 마침내 오강에서 항우를 패망시켰다. 이 괘를 득하면 군은 신념을 갖고 때를 기다려야 한다.
艮土宮 四月卦	간(艮)은 움직이지 않는 산. 꼼짝 못하는 산. 산너머 산이라 한치의 앞을 전진하기 어려운 상태로 주변에 누구나 도와줄 사람도 없다.

孫酉　官寅∣世 　　　　命	직업, 남편, 자식 때문에 근심걱정이 끊어질 날이 없다. 남편 및 자녀근심. 직위불안. 파직. 관재. 실직.
父巳　財子∣∣	돈줄이 끊어지는 운이나 3개월만 참고 성실히 노력해라. 처첩이나 부모근심. 돈관계 문서근심. 해외문제.
孫酉　兄戌∣∣	새로운 사업구상중, 집안 물건 교체할려고 하나 하지마라. 형제나 동료불목. 자녀문제. 신규사업 불안. 애정고민. 이별수.
官卯　孫申∣應 　　　　身	친척이나 아랫사람으로 인해 구설이나 손재수가 있다. 자녀나 남편근심. 관재구설. 직위불안. 출산근심. 유산.
財亥　父午∣∣	매사 생각대로 되지않는 흉한 운이다. 가만히 있어라. 부모우환. 돈 문제. 문서인장유고. 이사걱정. 부동산매매 불안.
官卯　兄辰∣∣	주변을 조심하고 올바르게 처신하라. 형제근심. 남편문제. 손재구설. 재앙. 이사근심.

운세	현재 주위환경이 꼼짝달싹할 수 없는 난관에 부딛혀 아무리 노력해도 성과가 없다. 하는 일을 축소하여 마무리 짓고 새로운 일은 중단하는 것이 좋다.
특성	목적이 둘로 분산, 두집살림, 부동산매매, 1층은 2층, 2층은 3층에 이사, 집수리, 불화, 친구배신, 양가사위, 처입원, 유아건강조심, 조림, 등산가.

신 상	소 망	가 택	재 수	매 매
망동하지 말고 추진할 것	불성취	불안	실패수	구설있고 손해본다

시 세	취 직	입 학	애 정	출 산
현시세 보합	꾸준히 노력하면 성취	하향지원	불성	생남

실 물	도 적	여 행	가 출	대 인
집안에 있다	못 잡는다	불길	동북간방	안온다

소 송	건 강(질병)	계 절 별
불리	장병, 비장, 변비, 타박상, 관절통, 복통, 청춘에간 귀신, 감기, 도둑조심.	春凶. 夏平. 秋凶. 冬吉.

월		월	
1월	꼼짝하지마라. 변동이나 움직이면 손해본다.	7월	원행을 하지마라 불리하다.
2월	하는 일마다 용두사미고 언쟁을 조심하라.	8월	손재가 빈번하니 마음이 불안하다.
3월	가정이 불안하니 이사하면 길하다.	9월	믿는 도끼에 발등 찍힌다. 마음을 안정하라.
4월	아직까지 답답한 운이다. 관재조심.	10월	재운이 들어 왔으니 재수에 길하다.
5월	타인으로 인해 손재를 당할 수 있다.	11월	남방이 길하고 움직여 활동하면 재수가 있다.
6월	귀인이 동 남방에서 도와 준다.	12월	가정이나 사업이 활발한 길운이다.

七 八 산지박 (山地剝)	땅위에 솟은 산이 풍화에 깎이는 괘 산아래에 땅이 연결되어 있으니 땅위에 높은 산의 아래가 깎여 무너져 내리는 상이다.
䷖	위지(尉遲)장군이 금아(金牙)와 교전중 친 점인데, 쌍방이 승패가 나지 않았다. 이 괘를 득하면 하던 일을 접고 새롭게 재출발을 계획하는 것이 현명하다.
乾金宮 九月卦	박(剝)은 벗기다, 떨어뜨리다, 깎아내린다, 높은 산이 평지로 된다는 뜻이다.

兄酉　財寅 ｜	욕심부려 투자하면 백전백패 손재한다. 여자근심. 형제문제. 파재구설. 처첩재앙.
官巳　孫子 ｜｜世 (伏申兄)	자녀의 직장이나 관재로 근심한다. 남편문제. 산액. 관재구설. 신액. 유산
兄酉　父戌 ｜｜ 命	자녀 및 남편근심. 부모 및 형제문제로 고민. 문서계약 말썽. 손재.
兄申　財卯 ｜｜	처로 인하여 손재를 당하거나 처의 건강에 이상이 있다. 형제문제. 실물. 파재. 실패. 재화.
父辰　官巳 ｜｜應	남편의 직장퇴직이나 건강상의 문제가 있다. . 부모근심. 부동산 매매. 이사문제. 소식. 송사.
孫子　父未 ｜｜ 身	부모나 자녀문제. 부동산 매매. 이사문제. 슬하근심. 가택불안.

운세	병으론 중병이요, 실각을 노리는 부하요, 등산중 절벽에서 떨어지는 등 조난, 파산 등 많은 재난이 닥치며 부부불화, 중상모략 등이 판치는 운세이다. 현재 재앙으로 근심, 걱정이 태산과 같다. 하던 일을 포기하고 재출발을 해야하며, 힘을 기르며 때를 기다리는 것이 현명하다.
특성	위험징소, 붕괴, 교통사고, 화재, 낙상, 재난, 형액, 파혼, 파산, 간통, 사기, 결혼풍파. 좌천, 수술, 강도, 생사위기, 일남에 오녀, 헌집은 수리. 처첩결투, 타인피해.

신 상	소 망	가 택	재 수	매 매
노고가 많다	서둘면 실패	주거불안	타인으로 인해 손실이 많다	손해

시 세	취 직	입 학	애 정	출 산
계속하락	불성	하향지원	불길 재혼은 길	생남

실 물	도 적	여 행	가 출	대 인
못 찾는다	서남에 있다	불리	못 찾는다	늦게온다

소 송	건 강(질병)		계 절 별
불리	위중, 체력소모, 낙상, 타박상, 식체, 복통, 헌 물건 잘못샀다		春吉. 夏平. 秋凶. 冬凶.

1월	심신은 피로하나 마음을 안정하여 추진하면 반드시 성공한다.	7월	일의 두서가 없다. 소득은 별로나 주변 여건은 호황이다.
2월	재물이 내몸에 와 닫으니 의외의 득재운도 있다.	8월	열심히 활동하면 길한 운이다.
3월	문서로 인해 신경쓸 일이 있다.	9월	주변사람과의 시비구설을 조심하라.
4월	화합하는 것이 최선이다.	10월	경거망동하거나 과단독행하면 실패한다.
5월	직장, 직업의 변동이 있다. 질병조심.	11월	운이 서서히 풀린다. 의외로 재물을 득할 수 있는 운이다.
6월	배를 타거나 원행을 하지마라. 토지, 문서로 인해 상심.	12월	질병이나 구설을 조심하라.

八 一 지천태 (地天泰)	천지가 상반된 위치에서 서로 상응하는 괘 하늘과 땅의 기운이 만나 서로 교합하니 태평한 세상을 이루는 상이다. 부모가 자식을 낳으니 합하면 세명이 된다.
☷☰	요왕(堯王)이 양위코자 하나 현명한 태자가 없어 친 점인데, 이 괘에 의해 양위하였다. 이 괘를 득하면 순풍에 돛을 단 배처럼 만사 대통한다.
坤土宮 正月卦	태(泰)는 평안, 화합을 뜻한다, 하늘(乾)이 밑에 있고 땅(坤)이 위에 있어 하늘은 위로 땅의 기는 아래로 내려가니 음양의 기가 화합하여 만물을 생성하게 하므로 안정과 화합이 이루어 진다는 것을 의미한다.
官寅 孫酉 ||應	자식의 직장이나 관재에 관한 문제발생. 남자문제. 산액. 관재구설. 유산.
兄戌 財亥 || 身	욕심부리면 부도나고 동업은 절대 불가하다. 처첩근심. 형제문제. 파재. 실물.
父午 兄丑 ||	형제나 주변사람으로 부터 피해를 볼 수 있는 운이다. 부모문제. 처첩근심. 손재. 문서계약. 교제근심.
兄丑 兄辰 |世	운이 역전하니 현상태를 유지해야 한다. 형제 및 동료문제. 여난. 도난. 손재구설. 쟁론. 취직문제.
兄丑 官寅 | (伏巳父) 命	남편의 직장문제나 건강에 이상이 있다. 형제근심. 동료불화. 시비구설. 가택불안. 도난.
兄丑 財子 |	처나 여자로 인하여 손재. 돈 빌려주면 못 받는다. 형제문제. 파재. 실물. 실패.

운세	안전, 태평의 시기이며 적소성대운으로 모든 일이 순조롭게 행하여지나 무사안일에 빠져서 역전되지 않도록 노력해야 한다.
특성	협동사업, 결혼, 혼란, 고층건물(주거)이사, 색정, 통역관, 외교관, 무역, 생남수, 주거불안, 고시합격, 유비무환할 것.

신 상	소 망	가 택	재 수	매 매
근심 부인의 구설수	순조	부녀불리	대길	길하다
시 세	취 직	입 학	애 정	출 산
보합	성취	합격	길연 성혼	초산 생남 차산 생녀
실 물	도 적	여 행	가 출	대 인
찾으나 파손우려	못 잡는다	길하다	멀리 서남간 친구집에 있다	늦게온다

소 송	건 강(질병)		계 절 별
늦게 승소	장병, 두통, 치통, 변비, 가슴, 월경불순, 절 물건, 외국물건 잘못 사왔다.		春吉. 夏凶. 秋凶. 冬平.

월		월	
1월	주변의 여건이 성숙하여 도움이 되니 모든 일이 성공한다.	7월	재산의 싸움이나 감언이설에 속을 수 있다.
2월	열심히 노력하면 안밖으로 길하다.	8월	어려운 중에서도 재수운은 길하다.
3월	주변사람의 도움으로 기쁜 일이 있다.	9월	가까운 사람에게 빠져 어려움을 겪을 수 있다.
4월	탐욕을 버려야만 괴로움이 없다.	10월	가정은 화목하고 사업은 번창한다.
5월	유시무종이다. 노력한 것 보다는 결과는 신통치 않다.	11월	이익은 있으나 지출이 많을 수 있다.
6월	구설, 시비 등을 조심하라.	12월	바깥에서 활동하는 것으로 손재를 볼 수 있다.

八 二 지택림 (地澤臨)	땅속에 물이 있는 괘 땅위에서 연못을 내려다 보는 상으로, 땅 아래의 못에 물이 임하여 만물을 기르는 상이다.
䷒	채염(蔡琰)이 화번국으로 출전할 때 친 점인데, 후일 화번국과 화친을 맺고 귀국했다. 이 괘를 득하면 결단력이 필요하다. 현재는 호전되는 운이나 곧 변화할 운이라 방심은 금물이다.
坤土宮 十二月卦	임(臨)은 임할, 다다를, 클 임으로 위에서 아래로 내려다 본다. 양의 기운이 점점 강건해 지며 상하가 서로 교감되는 상이며 모든 고통을 씻고 점진적으로 크게 발전하게 된다.

官寅　孫酉∥	자식이 밖에서 문제를 일으켜 걱정이 태산이다. 슬하근심. 남자문제. 관재구설. 산액. 유산.
兄戌　財亥∥應	처로 인하여 손재나 처의 건강에 문제있다. 여자로 인해 피해를 볼 수가 있다.. 동료문제. 파재. 실물.
父午　兄丑∥ 　　　　身	형제는 길하나 나 자신은 손재하여 빚이 늘어난다. 부모문제. 손재구설. 처첩근심. 문서계약문제.
兄辰　兄丑∥	가정의 경제가 더욱 힘들어 지며, 처의 건강에 문제가 있다. 형제문제. 손재구설. 질병.
官寅　官卯∣世	남편의 퇴직, 건강에 이상이 온다. 가택이 불안하다. 이사문제. 손재. 병난.
官寅　父巳∣ 　　　　命	부모나 남편문제. 취직. 진관. 관재송사. 문서계약. 시험문제.

운세	호운이 들어오는 시기이니 큰 일을 추진할 때이다. 지금까지의 고통을 씻고 점진적으로 크게 발전하게 되며 앞으로는 교제가 많고 활발한 활동을 할 때이니 특히 주위사람의 의견을 잘 수렴해서 처리해야만 후환이 없을 것이다.
특성	성하면 쇠해지는 법이니 현상유지에 최선을 다해야 호운을 지킨다. 승진, 입신출세, 결혼, 생남, 연애, 이사, 주거불안, 토목업, TV, 고시길, 진학문제, 여자쟁투, 관재구설, 임기응변, 사치나 허영에 빠짐.

신 상	소 망	가 택	재 수	매 매
길하다	성취	왕성운	있는 돈 지출하는 운	보류

시 세	취 직	입 학	애 정	출 산
급락	성취	합격	길연	생녀

실 물	도 적	여 행	가 출	대 인
못 찾는다	3–4명으로 못 잡는다	길하다	근처에 있고 서남, 서북간방	온다

소 송	건 강(질병)		계 절 별
장기전. 승소	고비, 호흡기, 소화기, 각기 청춘에 죽은 귀신이 범했다		春平. 夏凶. 秋吉. 冬吉.

1월	주관이 없고 가정이 불화하니 마음이 불안정하다.	7월	소망사가 이루어 지는 길운이다.
2월	분수를 지키면 대사가 이루어 진다.	8월	재액이 있고 가정에 우환이 있을 수 있다.
3월	마음이 동하여 추진하는 일은 불길하다. 손재조심.	9월	재수는 왕하고 복은 증진한다.
4월	재수운은 좋으나 선길후흉한 운이다.	10월	동쪽인이 도와주니 재수가 대길하다.
5월	운이 점점 나아진다.	11월	점점 발전하는 길운이다.
6월	신상에 우환이 있다. 시비와 구설을 조심하라.	12월	귀인이 도와 성공하는 운이다.

八三 지화명이 (地火明夷)	태양이 땅속으로 들어간 괘
	땅속에 불이 들어갔으니 암흑의 상태다. 안으로 문명하면서도 밖으로는 유순한 덕을 행하는 상이다.
䷣	문왕이 능리(菱里)에 구금되어 있을 때 친 점인데, 흉운이라 자식은 죽었는데 자신을 구금에서 풀려났다. 이 괘를 득하면 몰지각한 사람으로부터 시기와 모함을 당하는 처지에 있다.
坎水宮 八月卦	명이(明夷)는 평평할, 상할, 기쁠 이로서 옥을 갈아서 그릇을 만든다. 태양이 땅속에 들어가니 암흑의 상태가 지배한다. 어리석은 상관이 유능한 부하를 억압하는 상태다.

孫寅　父酉‖	부모로 인한 근심. 조상이 발동하여 꿈자리가 뒤숭숭하다. 수하문제. 가정 및 질병근심. 문서 인장유고.
官戌　兄亥‖ 命	형제에게 액. 남편문제. 손재구설. 관재. 수족지액. 거주유고. 원행.
財午　官丑‖世	남편이나 명예에 관한한 최상의 운이다. 고생 끝에 낙이 온다. 처첩문제. 취관. 승진. 관재구설. 돈 문제. 병난.
官辰　兄亥∣ (伏午財)	형제에게 액. 남편문제. 손재구설. 처의 가출. 변동. 직장변동. 이사.
孫寅　官丑‖ 身	남편의 건강이나 퇴직문제, 자녀로 인하여 근심걱정. 관재. 가택불안.
官辰　孫卯∣應	자식의 관재나 진로, 직장문제 남편문제. 산액. 관재구설. 정사. 취직낙방. 유산.

운세	평범함과 재능이 통하지 않고 주위엔 지혜를 시기하고 모함하는 나쁜 사람들 뿐이다. 하고 싶은 일도 소문내지 말고 남에게 이용 당하지 않도록 해야 한다. 모든 일을 단념하고 손해방지에 노력하면 2달후엔 서광이 비친다.
특성	교통사고, 화재조심, 부친건강조심, 형액, 죄수, 사기, 여난, 첩살이, 암흑생활, 암실, 사진업, 연구실, 입원, 파란, 윤락녀, 남편 바람둥이, 수의사, 축산, 가정불화.

신 상	소 망	가 택	재 수	매 매
쇠운	무리한 강행은 손재구설	불리 부자별거	꽉 막혔다	보류

시 세	취 직	입 학	애 정	출 산
정지후 급락	늦게된다	불합격	불성	생녀

실 물	도 적	여 행	가 출	대 인
근처 여인집 못 찾는다	늦게 잡는다	불길. 고생	못 찾는다 근처 여인집	늦어진다

소 송	건 강(질병)		계 절 별
패소. 투송	소화기, 맹장, 심장, 타박상, 산전후혈도, 시력감퇴, 요귀가 문에서 대기		春平. 夏凶. 秋凶. 冬吉.

1월	운수가 대통하고 가정도 평안하다.	7월	가정도 화목하고 재물운도 길하다.
2월	재물이 풍족하고 의외의 결과로 성공을 하는 운이다.	8월	욕심내면 손해본다.
3월	남북으로 좋은 일도 있고 흉한 일도 반반이다.	9월	무리하면 실패하고 심신이 상한다.
4월	신수가 불길하고 도적을 조심하라.	10월	주변여건의 좋아지나 무리는 하지 마라.
5월	나쁜운은 아니나 관재를 조심하고, 금전으로 신경쓸 일이 있다.	11월	바르게 행하면 평안하다.
6월	초반에는 흉하나 후반에는 재수가 길하다.	12월	귀인이 도우니 반드시 성공한다.

八 四 지뢰복 (地雷復)	땅속에서 우레의 힘이 솟아나는 괘 땅속에서 양이 생성하기 시작하여 회복하는 뜻이다. 땅속에서 초목의 종자가 발아하여 다시 본래로 회복할려는 상태다.
☷☳	당태종이 사망했을 때 친 점인데, 7일후 다시 생환했다. 이 괘를 득하면 때를 더 기다리면서 후일을 기약할 유비무환의 자세를 갖추어야 한다.
坤土宮 十一月卦	복(復)은 다시 복으로 동지이며, 강한 음기가 누르고 있는 속에 양의 기가 싹트기 시작하여 봄을 맞이하는 때다.

官寅 孫酉 ||	자식이 말썽을 부려 손재 등으로 근심걱정, 수하근심. 남자문제. 관재구설. 산액. 결혼문제.
兄戌 財亥 ||	처첩의 액. 처로인한 손재 등의 피해발생, 형제문제. 파재. 실물. 처의 가출.
父午 兄丑 ||應 命	채무불이행으로 압류나 강제처분 등의 일을 당할 수 있다. 형제나 부모문제. 처첩이나 종업원 근심. 손재구설.
財亥 兄辰 ||	형제나 주변사람으로부터 피해를 당하는 운이다. 동업불길. 형제문제. 처첩근심. 손재구설. 실물. 도난.
官卯 官寅 || (伏巳父)	남편의 승진, 영전 등의 길운이다. 명예에 길하다. 구관, 구명 속진. 가택불안. 친척근심.
兄未 財子 |世 身	처의 건강문제나 처로인해 손재가 있다. 형제문제. 파재. 실물. 실패.

운세	그동안의 괴로움을 걷어내고 지금부터는 새롭게 모든 것이 회복되고 융화되어 잃었던 것을 다시 찾을 수 있는 때를 맞이한 것이다. 지금은 동지이니 해동이 될려면 시일이 남아 있으니 성급한 계획은 금물이요, 차근차근 준비하여 꾸준히 노력하면 성공할 것이다.
특성	되돌아 오는 회복운이므로 다시한번 시도해 보는 것을 암시하고 있다. 복구사업, 복직, 부부재결합, 친정에서 귀가, 재출발, 재혼길, 남편득첩, 생산, 임신, 학문, 여행, 관광, 외교관, 수산업, 농산물. 2집살림, 재취, 7수와 인연.

신 상	소 망	가 택	재 수	매 매
점차길함	늦게 성취	불화. 봄에 이사	축재운	기다려라

시 세	취 직	입 학	애 정	출 산
상승은 하락, 하락은 상승.	늦게 된다	하향지원	초혼은 재혼자와 재혼은 길	생남순산

실 물	도 적	여 행	가 출	대 인
서남간 여자집에	못 잡는다	동행하면 길	서남간방 여인집	지장으로 못온다

소 송	건 강(질병)		계 절 별
오래끌면 유리하다	중증, 위장, 복통, 각기, 간질, 구병재발, 절물건, 바깥물건 무당물건 잘못 사왔다.		春平. 夏凶. 秋吉. 冬吉.

1월	서남쪽 사람과의 거래는 이익이 있다.	7월	매사 조심하면 주변여건이 성숙해 진다.
2월	참고 견디면 복이 있다. 관재를 조심.	8월	열심히 활동하면 만사가 대통하다.
3월	믿는 도끼에 발등 찍힌다. 신경성으로 인한 질병.	9월	주변사람과 시비구설을 조심하라.
4월	서남쪽 사람이 도움이 된다.	10월	매사가 성공하는 길운이다.
5월	서방이 길한 방향으로 나에게 도움이 된다.	11월	재수대통한 운이다.
6월	경영사는 길하고 하는 일은 성공을 한다.	12월	근신하고 안정하면 반드시 성공한다.

八 五 지풍승 (地風升)	땅속에서 나무의 싹이 돋아나는 괘 초목이 땅속에 뿌리를 박고 움터 오르는 상으로 안으로는 온순하고 밖으로는 유순함이 쌓여가는 상이다.
䷭	방현령(房玄齡)의 신수점인데, 불사약을 구하러 봉래산으로 떠났는 데 돌아오지 않았다. 이 괘를 득하면 희망에 부풀어 있는 상태인데 그러나 적극성을 띠기 보다는 한박자 늦춰라.
震木宮 八月卦	승(升)은 되, 오를 승으로 뻗어나는 새싹이다. 땅속에서 나무의 싹이 돋아나 무럭무럭 자라는 모습이다.

兄寅 官酉 ||	남편이나 남자문제 – 돈 안되는 짓만 골라서 한다. 남편이 미워지는 운이라 별거나 이혼수가 있다. 형제나 친구근심. 가택이 불안하다. 관송시비.
財戌 父亥 || 命	부모나 존장의 건강악화 등으로 인한 근심. 여자문제. 문서매도 고심. 가택불영.
孫午 財丑 ||世 (伏午孫)	재수에 길한 운으로 사업이 원활하게 돌아간다. 처첩이나 자녀문제 경사. 득재. 진관. 혼사.
孫午 官酉 |	남편의 건강조심. 자녀의 직장이나 관재로 문제발생. 관재투송. 퇴직. 산고. 자녀에게 액.
孫午 父亥 | (伏寅兄) 身	문서가 상하니 문서운이 없고 계약이 되어도 해약. 파기 되는 운이다. 부모의 건강위중 근심. 자손문제 걱정. 가정근심. 이사문제.
父子 財丑 ||應	문서운이 길하니 부동산매입은 적기이다. 처와 관련된문제. 부모근심. 이사문제. 돈관계.

운세	불굴의 노력으로 목적을 완수할 때이다. 입신출세, 소원성취의 운이다. 모든 일을 급하게 추진하거나 일확천금을 노리는 꿈은 삼가고, 윗사람이나 전문가의 조력을 받아 순리대로 노력하면 대성할 것이다. 늦어도 4개월 이내에 좋을 일이 있을 것이다.
특성	승진, 영전, 이사, 이동, 부동산매매, 투자, 애인임신, 혼담, 고시합격, 종자개량, 축산물, 수산물, 요식업, 관광업.

신　상	소　망	가　택	재　수	매　매
점점 호전	성취	적은 것 증축	길하다	큰이득

시　세	취　직	입　학	애　정	출　산
서서히 상승 오래지속	늦게 된다	합격	길연	생녀순산

실　물	도　적	여　행	가　출	대　인
늦게 찾는다	서두르면 잡는다	길하다	근처 여자집	온다

소　송	건　강(질병)	계　절　별
화해가 길하다	흉하다, 소화기, 신장, 요통, 수족, 가슴, 산소결함으로 탈이 있다.	春吉. 夏吉. 秋平. 冬平.

1월	매사가 나한테 이롭게 진행이 된다.	7월	가택이 불리하니 화합하고 매사 조심하라.
2월	남방이 길하고 일이 속히 성취가 된다.	8월	좋지 않은 중에도 운은 길하다.
3월	주변사람이 도와 주니 모든 일이 쉽게 성취된다.	9월	농업이나 영업으로 재수가 있다.
4월	재물운이 대길하다.	10월	재물에 길하고 유통, 무역업에 재수가 있다.
5월	재물운은 왕성하나 허황된 꿈을 꾸면 실패한다.	11월	초반에는 길운이나 후반이 흉하니 조심하라.
6월	귀인들이 도와주니 재물운이 왕성하다.	12월	주변에 모두 나를 도우니 재수가 대길하다.

八 六 지수사 (地水師)	대지가 물을 풍부하게 저장하고 있는 괘 2효의 양효가 다섯음(무리)을 통솔하는 상이다. 학도를 훈육하는 스승, 무리를 다스리는 리더, 장수의 뜻이다.
☷ ☵	周의 아부(亞夫)장군이 陳나라를 침공할 때의 점인데, 후일 승리했다. 이 괘를 득하면 자신의 능력에 자만하지 말고 주변을 살피고 유능한 협력자를 찾아야 한다.
坎水宮 七月卦	사(師)는 스승사로, 싸움터로 나가는 장군, 사단병력의 힘이 그 기세가 당당하나 내부로 많은 어려움이 있는 상태로 전략수립과 정보, 전투훈련 등을 통하여 적시에 거사를 일으켜야 하는 시기이다.

孫寅　父酉 ‖ 應	문서계약으로 인한 고심, 부모나 존장과 관련된 문제발생, 수하근심. 문서인장유고. 이장, 사초
官戌　兄亥 ‖	동료나 형제에게 액. 남자문제. 손재구설. 형제와 논쟁. 직장내에서 구설조심, 전근.
財午　官丑 ‖ 　　命	남편이나 남자와 관련된 문제로 고심, 처첩문제. 득재. 직장인은 길함. 형제근심. 남편의 외도로 이혼수.
父酉　財午 ‖ 世	부동산 매입 등과 관련된 문제, 처나 부모문제. 신상변동. 변동이나 이사와 관련된 문제발생.
財巳　官辰 ∣	남편의 부정으로 관재수. 형제근심. 이사문제. 직장인은 승진 등의 길한운이다.
財巳　孫寅 ‖ 　　身	자녀가 지출이 심하거나 여자로 인해 관재수가 있다. 처첩문제. 연애 혼사. 남편근심.

운세	군중을 움직이려면 항상 위험이 따르니 사전준비를 철저히 하여 전력 투구해야만 한다. 부정을 바로 잡기 위하여 정의의 무력행사를 단행할 때이다. 주변사람들에게 신망을 받아서 일을 진행해야 하며, 많은 사람들과 함께 하면 위험과 난관이 따르나 열심히 노력하면 나중에는 성공한다.
특성	인심을 잃기 쉽다. 애정문제, 여자는 활동가, 단독행위를 삼갈 것, 음욕, 고통의 시기, 심신노고, 아랫사람에게 피해본다, 부부불화, 손재, 도난.

신 상	소 망	가 택	재 수	매 매
고생. 부부불화	선난후성	식구가 많고 질병이 있다	금전분쟁, 지출많다	보류

시 세	취 직	입 학	애 정	출 산
변동	노력하면 된다	합격	불길 재혼은 길	생녀난산

실 물	도 적	여 행	가 출	대 인
못 찾음	잡는다	중도유고	근처 여자집에 있다	안온다

소 송	건 강(질병)		계 절 별
돈쓰면 승소	위중, 설사, 신경통, 신장, 암, 식중독, 유행병, 의외사 발생. 다리에 힘이 없다.		春平. 夏凶. 秋凶. 冬吉.

1월	가정도 화목하고 하는 일도 좋은 운이다.	7월	재수가 매우 길한 운이다.
2월	매사 순조롭게 일이 잘 풀린다.	8월	가정이 불안하고 횡액을 조심하라.
3월	너무 욕심내면 손재한다.	9월	현상태에서 노력하면 점점 운이 상승한다.
4월	잘 나가다가도 적체될 수 있으니 조심하라.	10월	성심껏 추진하면 성공한다.
5월	운은 점점 좋아진다. 재수가 형통한다.	11월	횡재운도 있고 성공도 한다.
6월	시비구설을 조심하라 쟁송이 두렵다.	12월	하늘에 기도하라 그러면 나를 도와주는 운이다.

八 七 지산겸 (地山謙)	땅 아래에 산이 있는 괘 땅이 자신보다 못한 아래에 있는 산을 향해 낮추니 자신의 능력을 내세우지 않고 남을 존중하는 겸손의 미덕을 뜻한다.
䷎	당현종이 난을 피하여 촉(蜀)나라에 있을 때 친 점인데, 그 후 무사히 장안으로 환도했다. 이 괘를 득하면 자기의 재능을 과시 하거나 교만하지 말고, 겸손의 미덕을 지켜야 한다.
兌金宮 九月卦	겸(謙)은 겸손, 겸허를 뜻하며, 벼가 익으면 고개를 숙이듯이 자신을 낮춤을 뜻한다.

財寅　兄酉｜｜ 　　　身	형제나 동기 또는 여자문제로 손재를 당한다. 돈이나 처로 인하여 근심. 실물. 답답하다.
父戌　孫亥｜｜世	자식의 학교중퇴, 가출 등으로 인한 문제발생 수하근심. 존장문제. 자녀에게 액. 원행. 농사실패. 문서유고.
官午　父丑｜｜	문서운이 길하며, 수험생은 시험합격 등의 기쁨이 있다. 부모나 남편문제. 취관. 송사. 문서계약. 시험관계.
財卯　　兄申｜ 　　　命	돈 벌어 남 좋은일 다 시킨다. 손재 등으로 채무가 늘어 난다. 형제나 처첩근심. 실물. 손재.
孫亥　官午｜｜應 　(伏卯財)	남편의 건강이나 직장문제, 자녀근심. 파직. 관재. 실직자. 구직이 안되고 사업자는 부도직전이다.
財卯　父辰｜｜	부모의 건강악화 등으로 근심. 처첩문제. 부동산매매. 가택이 불안하여 부모나 자식에게 해로우니 이사를 하는게 길하다.

운세	지위여하를 막론하고 겸손할 때이다. 고귀할수록 비천한 곳에 봉사하는 마음을 가져야 하며 겸손하면 복을 줄 것이요, 교만하면 화를 당할 것임을 암시하고 있다. 앞장서거나 급진적으로 행하지 말고 뒤에서 서서히 행하면 2달뒤에 호전될 것이다.
특성	성병, 전염병, 유행병, 자궁병, 난치병, 유흥낭비, 외부내허, 기술, 여자는 재능인, 이성관계 복잡

신 상	소 망	가 택	재 수	매 매
점차호전	노력만큼 성취	산근처집, 소아불리	길하다	구설수

시 세	취 직	입 학	애 정	출 산
하락	늦게 된다	하향지원	불길 재혼길 삼각관계	생남순산

실 물	도 적	여 행	가 출	대 인
동북, 물건아래 찾아라	잡는다	길하다 추동은 불길	서남간 산근처	늦게온다

소 송	건 강(질병)		계 절 별
오래끄니 화해하라	오래간다, 식도암, 타박상, 중풍, 월경불순, 노이로제, 조상죄가 아래에 미친다, 죽은사람 잘못봤다.		春平. 夏吉. 秋吉. 冬吉.

1월	기도하라 그러면 매사가 순탄하게 이루어 진다.	7월	모든 일이 성취되는 운으로 몸과 마음이 안정된다.
2월	성심껏 노력하면 재운은 있다.	8월	구설이 있고 매사 침체하게 된다.
3월	화합하면 매사가 길하다.	9월	일신이 편하고 일이 이루어 진다.
4월	귀인이 도와 길하나 문서로 인해 신경쓸 일이 있다.	10월	열심히 활동하면 재수대길한 운이다.
5월	실물이나 도적수가 있으니 대비하라.	11월	의외로 성공하는 길운이다.
6월	변동하고 싶으나 참고 견디면 기쁜 일이 있다.	12월	재수도 길하고 문서운도 있다.

八 八 곤위지 (坤爲地)	대지의 생명력이 태동하는 괘 생명력의 모태인 대지는 유순하여 하늘의 도에 순응하여 만물을 싹틔워 키워내는 상이다.
䷁	한고조가 항우와 싸울 때 친 점괘인데, 후일 땅의 순덕(順德)을 얻어 천하의 패자가 되었다. 이 괘를 득하면 암말처럼 순하게 자신을 지키면 모든 일이 순조롭게 이루어진다.
坤土宮 十月卦	곤(坤)은 대지이다. 대지는 고요하고 정지되어 있으나 풍부함이 있고, 만물을 생육하는 힘과 능력을 갖고 있다.

官寅 孫酉 || 世	관재구설을 조심하라. 정도로 행하라. 수하근심. 남자문제. 관재구설. 자녀근심. 낙태.
兄戌 財亥 ||	여자나 돈이 나가는 운이다. 未申방향의 사람과 협력해라. 여자근심. 동기문제. 파재. 실물. 처의 가출.
父午 兄丑 || 身	돈으로 인한 고통이다. 진실한 노력으로 극복해야 한다. 형제나 부모문제. 처첩재앙. 종업원에 액. 손재구설.
孫申 官卯 || 應	직장변동, 자식으로 인한 고통이다. 급하게 결정하면 흉하다. 남편이나 자녀근심. 퇴직. 관재. 실자.
兄辰 父巳 ||	주거이동건이나 마음에 고민이 있다. 부모근심. 형제문제. 부동산 매매. 이사문제. 가족불안.
財子 兄未 || 命	항상 돈걱정이나 올바른 행동으로 노력하면 길한 운이온다. 형제문제. 처첩근심. 손재. 실물.

운세	순종하여 불평없이 맡은 소임을 다하고, 남의 일을 하니 자기의 소득은 없는 시기이다. 현상유지에 힘쓰야 하며 남을 위해 봉사하면 그를 계기로 영구 형통하는 운세이다.				
특성	현모양처, 남자는 여성적, 가정문란, 여류명사, 봉급생활이 적합, 서남간에서 귀인이 도운다, 윗사람에 따르면 길함, 2달 참아라, 동북으로는 친구를 잃는다.				

신 상	소 망	가 택	재 수	매 매
타인으로 노고, 점점 길해짐	서남에 노파가 도와준다	길하다	노력만큼 이득있다	주변의견 참고 고집은 손해
시 세	취 직	입 학	애 정	출 산
하락	늦게된다	부모의견에 따르라	늦어지나 길연이다	생남순산
실 물	도 적	여 행	가 출	대 인
근처 여자집에 있다	잡는다	불리 단체는 무방	서남간방 여자집	온다
소 송	건 강(질병)			계 절 별
화해하라	위험, 소화기. 간장병, 토사, 과로, 노이로제. 산소탈, 이장 및 굿 잘못.			春吉. 夏凶. 秋平. 冬凶.

1월	재수가 길한 운이다.	7월	타인의 말을 믿지마라 손재한다. 주색조심.	
2월	직장, 직업변동이나 하는 일에 장애가 있다.	8월	마음을 안정하고 행하면 매사가 기하다.	
3월	재수대길하고 새로이 시작하는 운이다.	9월	주색을 조심하고 동쪽의 사람과는 별도움이 안된다.	
4월	욕심내면 반드시 실패한다.	10월	재물 구하는데는 힘이 든다.	
5월	구설이나 시비를 조심하라. 문서로 인한 근심.	11월	길한 운이나 돈이나 여자 때문에 근심이다. 신경성, 관재조심.	
6월	주변사람과 다툼, 시비, 관재를 조심하라.	12월	가까운 사람과 다툼, 시비, 관재구설조심.	

부록

[부록]

1. 븐효(分爻)

爻	家宅	身數	疾病	求財賣買	年事	天時	謀事	生産	墳墓	喪事	地域
六	上樑(상량) 奴僕(노복) 말	祠堂(사당) 말	머리 천신, 墳(분)	地頭(지두) 店舍(점사)	永(영) 金水 動(동)	天	國事(국사)	雙親(쌍친) 坤艮	祖(조)	墳(분)	시, 도
五	가장 인구 소	도로 소	심장, 가슴, 손, 부모 陸(육)	도로 店舍(점사)	霖(림) 蝗(황) 蟲(충)	雨師(우사) 太陽(태양)	官事(국사)	化婆(화파) 震巽	부	陵(릉)	군
四	母親(모친) 外門(외문)	대문 고모 백숙, 양	등, 갈빗대 叔伯(숙백) 木傷(목상) 棺(관)	中途(중도) 車馬(거마)	木動 火土 動 牛	雷(뢰) 霧(무)	人事(인사)	夫身 離	모	木官(목관)	구
三	형제 정문 돼지	형제, 자매 문턱 돼지	간, 위, 허리 夫妻, 형제 哭聲	伴侶(반려)	大旱(대한) 傷昇(상승)	電(전) 煙(연)	家事(가사)	看生(간생) 乾離	형	哭事(곡사)	읍, 면
二	처첩 房宅(방택) 고양이	처첩, 己身(기신) 조왕 고양이 개	장딴지 자궁 부모 전생, 조객	己身(기신) 伴侶(반려)	龍動(롱동) 秧(앙)	龍(롱) 露(로)	身事(신사)	胞胎(포태) 兌坎	처	弔(조)	동, 리
初	자손 집터 우물, 부엌 墓, 닭	자손 노복 닭	발 조왕, 상문	身行(신행) 資年(자년)	大種(대종) 豊(풍)	雲(운) 風(풍)	心事(심사)	産母(산모) 易産(이산)	자	喪(상)	벽촌

140

2. 흉괘론(凶卦論)

황천괘 (黃泉卦)	1.7 天山遯	1.5 天風姤	3.7 火山旅	4.2 雷澤歸妹	5.1 風天小畜	4.4 震爲雷	만사불성. 병자는 난치나 사망
	7.1 山天大畜	7.2 山澤損	7.5 山風蠱	7.6 山水蒙	8.3 地火明夷	8.5 地風升	

4대난괘 (四大難卦)	2.6 澤水困	6.4 水雷屯	6.6 坎爲水	6.7 水山蹇	百事 不成이다

8대난괘 (八大難卦)	1.2 天澤履	1.8 天地否	3.2 火澤睽	4.2 雷澤歸妹	6.6 坎爲水	7.8 山地剝	8.3 地火明夷	8.6 地水師	만사 실패

애정괘 (愛情卦)	2.7 澤山咸	4.2 雷澤歸妹	4.5 雷風恒	5.7 風山漸	귀매괘외에는 혼인점에는 길하다

부도괘 (不渡卦)	1.3 天火同人	3.1 火天大有	3.3 離爲火	실패의 상이다

가출괘 (家出卦)	4.2 雷澤歸妹	5.1 風天小畜	5.4 風雷益	5.7 風山漸(첫가출)	7.4 山雷頤	8.8 坤爲地

도망, 손재괘	①離卦가 乾卦로 ②巽卦가 坎卦나 艮卦로 ③坤卦가 坎卦로 ④艮卦가 坤卦로 ⑤兌金卦가 水宮으로 변하면 도망, 손재, 실패다

3. 괘(卦)의 통변응용 ☞ 劫殺, 驛馬, 天乙貴人, 喪門, 弔客은 반드시 응용한다

內外卦	內卦는 가까운곳(가내나, 국내 근방), 外卦는 먼곳(사회, 국외 등)
間 爻	世와 應사이의 爻. 間爻는 중개, 중매인 등으로 본다
吉凶卦	대길흉괘에 비중을 크게두고 정단(예, 革.睽.復.解卦는 결혼 불성괘)
幽魂卦	출행, 가출, 병자에 많이 활용. 신경성이나 신귀발동 가출자는 귀가할 마음없고, 병자는 산송장격으로 판단한다. 晉, 小過, 訟, 大過, 頤, 明夷, 中孚, 需
歸魂卦	출행, 가출, 병자에 활용. 가출자는 돌아올 마음이 있거나 오는 중이고, 병자는 정신을 회복한다. 신을 모시거나 모실려고 한다. 大有, 歸妹, 同人, 隨, 蠱, 師, 漸, 比
六合卦	일의 순조, 화합(일의 시작단계) 泰, 困, 豫, 節, 旅, 復, 否, 賁卦
六冲卦	成敗多端. 불화(일의 시작중이다) 首卦와 无妄, 大壯
安靜卦	평온, 길조, 後吉하다
亂動卦	불안, 혼란, 복잡, 의견 불일치, 매듭 못짓는다
內外出顯	外卦伏(本宮 首卦) 內事 분명, 外事 불분명
理想卦	坤宮 삼위인 地天泰卦이다. 그러나 소인은 불길하고 대인은 길하다

4. 각종 살 등의 활용

三刑殺	官刑과 傷身 등의 불의의 흉사. 用神이나 六親을 日支, 月支와 대조
冲　殺	의견 충돌로 불화 목적의 불성취. 用神이나 六親을 日支, 月支와 대조
破　殺	불화불리하여 손해와 힘의 낭비. 用神이나 六親을 日支, 月支와 대조
害　殺	방해로 불안, 장애발생, 구설시비로 불성취. 해당 用神, 日支, 月支와 대조
反　吟	本卦와 變卦의 飛神이 相冲이나 動爻와 變爻支가 相冲. 가내외 불의 흉액,슬픔
伏　哈	本卦와 變卦의 飛神이 同支(乾爲天이 震爲雷로 變). 불의의 액, 목적 불성취
無官卦	결혼으로 구설이나 늦결혼. 남편복 없고 이별. 관직, 취직, 시험운 없다
刑剋合	用神위주로 動.變爻의 대조나 月日支대조. 처음은 길하고 나중은 흉함
絶處逢生	用神이 絶地에서 動해 長生을 만남(金日 絶地에 木用神이 動해 水로 변함)
合處逢冲	世應合이나, 用神과 爻支合이 變爻나 日支에서 冲된 것(地天泰卦에서 世가 用神이면 世應이 合되어 길하나 日辰이 戌이면 冲된다). 初吉後困(해약,파혼, 돌발사)
三生三剋	用神과 日支.動.變爻支와의 관계(回頭剋, 回頭生) 만사형통, 만사불통
劫　煞	매사불성하고 손재, 횡액. 用神이 劫殺이면 대흉하다
天乙貴人	凶變吉. 年月日干을 기준
建　祿	財物의 길신으로 得財得名하는 好神이다. 연월일간을 기준
喪　門	매사구설과 지연되고 특히 질병으로 고생. 日支기준이나 年月支로도 본다
弔　客	질병이나 매사불성. 年月日支 기준. 喪門이나 弔客은 상가출입 조심

5. 육친의 활용

動爻	變爻	解 說
兄	進神	손재구설, 傷妻
	退神	형제문제 제외하고는 매사에 무관하다
	孫	凡事에 길하다
	財	구재불리, 財反覆, 先散後聚, 妻妾之憂
	官	형제 및 수족지액, 손재구설, 재앙수신
	父	손재, 傷妻, 여자 및 종업원에 액
孫	進神	병자는 낫고 관인을 퇴직하며 관재가 따른다
	退神	구재 구처에 불여의하다
	財	재수대통, 연애가 아니면 혼사가 있으며 명예에 길하다
	官	자손에 근심있고 출산에 낙태하며 관재구설이 따른다
	父	축산업에 패하고 자녀를 상하고 병고한다
	兄	직장에 불안이 생기고 병자는 낫는다
財	進神	재수대길 사업융창하나 문서가 상한다
	退神	재수불의
	兄	파재, 실물, 처액, 처가출, 매사가 흉하다
	孫	자손경사, 득,재 就官, 혼사, 연애, 産母安産, 酒食吉
	官	妻財困生禍, 이별, 육친 및 친척, 妻妾之憂,
	父	부모병고, 상장지재, 문서지우, 문서매입, 文書可用諧
官	進神	구관구명속진, 병악화, 형제재앙, 내괘 가환, 외괘 친척환,
	退神	공명 불여의 病漸愈
	兄	형제불화, 붕우불목, 수족지재, 가내불녕
	孫	求官不諾, 파직, 관재투송, 失子, 病愈 근심이 사라진다
	財	병악화, 가환, 형제나 처첩지우, 夫得妻, 財官雙美, 財自得進官
	父	부모지우, 소식, 문서취급, 송사, 문서계약 성사
父	進神	문서대길, 계약성사, 소송, 進財, 자녀지우
	退神	문서불여의, 문서불안,
	兄	尊長之憂, 재수불리, 매사불성
	孫	가정지우, 불상사, 小口傷, 憂病難, 인부평안, 대인관계 원만
	財	가내우환, 부모 및 가장지우, 문서지우, 문서매도, 辛勞得財, 交易利
	官	시험합격, 문서계약 성사, 직장관직遷進, 관재송사 家有損失, 자녀지우

6. 효(爻가) 동(動) 했을 경우 판단법

爻 別	解 說
상효 (6효)	孫動하면 자식 가출이다. 신수점에 兄動면 1년내내 재수없다. 산지박괘가 6爻動에 일진에서 충극하면 사망이다. 감위수괘가 6爻가 동하면 대흉하다. 실직, 물로 인한 사망. 병점이면 사망.
5효	식구가 흩어지거나 남편이 직장을 사표낸다. 官化官이고 일진에서 왕상을 받으면 무조건 직장문제이다. 진신이면 승진, 영전 등, 퇴신이면 사표나 퇴직. 孫효가 동하여 퇴신이면 자식가출이다. 동하여 겁살이면 해당 육친이 가출이나 불길하다. 동하여 택효를 극하면 가내우환(특히 장자). 퇴신인데 충을 받으면 남편사망이다.
4효	官이 동하면 관재구설이다. 현재의 직업이 천직인데 직업을 바꾸려고 한다.
3효	이사나 이사예정, 부업이나 다른 일을 할려고 한다. 동하여 택효를 겁살하면 다른 것으로 바꾸려한다.
2효 (宅爻)	이사간다.(삼합, 극, 일진과 합, 휴수되면 못간다) 집 수리나 신축한다. .동했는데 일진이 충하면 이사나 변동운이다. 동하면서 겁살이 되면 처의 가출이다. 兄이 동하면 사업적자, 처와 불화나 가출, 가정이 불안하다. 현무兄動은 도둑 맞는다. 官動은 환자가 있거나 직장변동 있다. 官이 진신이면 직장의 승진 등이 길하고, 퇴신이면 퇴직, 사표, - 官이 휴수되고 일진에 충이나 겁살이 되면 놀고 있다. 財動이면 손재, 남모르는 걱정이 있고, 財動 퇴신이면 손재나 처의 가출건. 財動하고 퇴신이고 충이나 겁살이면 돈 다 까먹었다.
초효 (1효)	새출발 준비중이다. 매매점에는 잘 팔린다. 진신이면 직장을 옮긴다.

7. 신수(身數) 보는법

신수를 볼 때 - 태세(太歲)인 년과 일진은 불변으로 본다.
　　　　　　- 월건(月建)만 가지고 본다.

◆ 화효(化爻) - 길잡이 이다.
　○ 각효에 전부 작용을 하며, 월일에서 충을 하면 총지휘자가 된다.
　○ 삼합을 형성하면 친다 - 당하는 육친을 잘 확인해야 한다.

◆ 월건(月建) - 파(破)는 충전으로 보고
　○ 각효의 작용을 살펴야 한다.
　○ 충전되어 가는 곳을 살피고, 가는 곳이 없으면 바로 그 자리다

◆ 일진(日辰)과의 관계
　○ 일진은 충파의 작용을 하나 일진의 작용이 약하다.
　○ 일진이 충되어도 월에서 합이 되면 구제 받는다.
　※월에서 합이되면 - 고위층에서 봐준다. 높은 곳에서 봐준다.
　　　　　　　　　- 윗사람이 신임하여 도와준다.

외괘	6효	변동의 출발	동(動)	먼 곳이다, 외국 등	태세(太歲) ⇩ 군주(君主)
	5효	출입의 결정 (도로, 입구)	동(動)	5효의 재(財)는 직업이다 -水는 물장사(子수는 생수, 亥수는 유류, 식용유, 커피, 맥주 등)	
	4효	샛골목	동(動)	5효를 받쳐주는 효다	월건(月建) ⇩ 제강(提綱) 집행관(執行官)
내괘	3효	뒷골목	동(動)	집 밖으로 나가는 통로다	
	2효	방안	동(動)	2효의 재(財)는 부인이다. -집에서 돈벌이 한다. 子는 집안에 우물, 寅은 정원수	일진(日辰) ⇩ 주재자(主宰者) 집행자(執行者)
	1효	집터, 집앞	동(動)	지하실, 창고다	

신수(身數)보는 방법

1. 일년신수는 입춘일을 기준으로 본다,
2. 보는법
 ① 연월일진을 전부 기입한다.
 ② 내점자의 연령을 기준하여 해당 효를 기준한다.
 ③ 일진은 당면문제만 파악한다.
 ④ 일진과 화효는 보지 않고 태세를 월건으로 월건을 일진으로 바꾸어서 보아
   신수를 판단한다.
 ⑤ 寅월부터 丑월까지 각효에 월과 합, 극, 충, 파를 대비하고 월차로 암동의
   화출효와 동효관계 및 삼형살 등을 참작하여 운세를 파악한다.
 ⑥ 월령으로 휴수만 보고 일진 충은 암동 자체로만 본다.
   - 과거운은 원괘(元卦) 그대로 보고, 년으로 월운과 미래운을 암동해서 본다.
 ⑦ 복신은 충에는 나오지 않고 해당 월에만 나온다.
   - 일진은 당면사항을 보고 월건은 앞으로의 전망을 살핀다.
 ⑧ 회두생은 극으로 가는데 생으로도 본다.
 ⑨ 월건과의 합은 일진에 우선하여 본다.
 ⑩ 육충괘(과거) 변육충괘, 육합괘, 복음괘 등으로 보아 일의 성패를 파악한다.
 ⑪ 처음엔 합과 괘상의 상태를 먼저 설명하고, 나중에 결과 관계를 설명해 준다.
 ⑫ 삼합의 생극관계는 극이 있는 월까지만 설명하면 된다.
 ⑬ 신수점의 용신은 6효를 보아 총괄운을 판단한다. 兄이면 1년내내 재수없다.

신수점(身數占)에서 괘신(卦身)은

◆ 괘신은 집안의 주인이니 괘신의 유무로 집안의 길흉과 화목을 판단하는
  기준이 된다.
◆ 괘신의 괘내에 없으면 그 집의 주인이 없는 것과 같으며 주관이 없는
  사람이라 매사 제대로 되는 일이 없다.
◆ 괘신은 일년신수점에 가장 중요하다.
◆ 모든 일이 괘신일부터 시작과 변동이 된다.
◆ 괘신이 충하면 모든 일이 깨어진다.
◆ 세와 응은 사업, 거래처, 도박, 전쟁, 싸움, 시험, 진급, 구직 등 상대방의
  마음을 보는 것이다.

	乾	兌	離	震	巽	坎	艮	坤
	1	2	3	4	5	6	7	8
6효 화효	未	戌	戌	巳	子	卯	酉	寅
5효 화효	未	申	申	酉	子	亥	巳	戌
4효 화효	未	申	戌	丑	午	亥	酉	午
3효 화효	丑	辰	辰	亥	午	酉	卯	申
2효 화효	丑	寅	寅	卯	午	巳	亥	辰
1효 화효	丑	寅	辰	未	子	巳	卯	子

효별 동한효의 화효(化爻) 도표

□ 신수점의 예시 : 2023년 기준

八一	䷊		지천태 (地天泰)	坤土宮	卦身 (寅月卦)

官寅　孫酉∥應	백	癸卯年 甲寅月 癸巳日	1. 당면문제 - 일진이 巳亥충하여 돈 나갈 일이 생긴다. (巳문서가 亥재를 충한다) 寅酉원진이고 辰酉합이라 자식이 직장을 그만두고 친구하고 밖에서 돈만 쓰고 다닌다. 2. 6효 酉孫이 기본 용신이다. 3. 년운 - 寅官이 집정관이다. 4. 괘신 - 7월 寅官이 괘신이다. 5. 子丑합이다 - 財에 兄이 붙었으니 빚쟁이가 집앞에 와 있다. 6. 巳酉丑합이다 - 父, 孫, 兄이라 새로운 직업을 가질 려고 하나 승산이 없다.
兄戌　財亥∥ 　　　　　身	등		
父午　兄丑∥	구		
兄丑　兄辰∣世	주		
兄丑　官寅∣ (伏巳父)　命	청		
兄丑　財子∣	현		

월별운		
	寅	1월에는 새로운 사업의 시작 하려고 계획중이다.
	卯	2월에는 卯戌합되어 사업계획을 시행할려하나 卯酉충이 되어 흉하다. 직장인은 진신이라 길하다.
	辰	3월은 화효와 辰戌충하고 월대라 兄하고 손잡을 려고 한다. 世爻가 힘을 받는 운이라 모든 일은 잘 이루어 진다.
	巳	4월은 화생토하고 巳亥충하여 돈이 나가는 운이다. 여자관계는 이별하는 운이다.
	午	子午충되어 지출이 증대한다.
	未	未土가 子를 극하니 돈이 원수다. 여자도 원수같이 보인다.
	申	寅申충되어 직장이 날라가고, 은복된 巳화父가 나왔으나 巳申합되어 문서가 묶여서 매매가 되질 않는다.
	酉	寅官이 酉금孫에 극을 받아 아예 구직이 되질 않는다.
	戌	辰戌충하고 亥財를 겁살하여 빚쟁이가 돈을 달라고 조른다.
	亥	은복된 巳화 문서가 申월에 나타났으니 申월부터 문서를 정리하여 빚을 청산한다.
	子	子財가 왕하니 돈을 갚는다.
	丑	子丑합되어 병이 발생한다(화병이다. 丑兄탕화) 돈 때문에 난 병인데 甲辰년에는 운이 풀리니 쾌유된다.

64卦 768爻解說

1판 1쇄 발행 23년 01월 18일

지은이 백암 박서한

편집 이혜리
마케팅 박가영   총괄 신선미

펴낸곳 (주)하움출판사   펴낸이 문현광

이메일 haum1000@naver.com   홈페이지 haum.kr
블로그 blog.naver.com/haum1007   인스타 @haum1007

ISBN 979-11-6440-293-9(13180)